그리스도의 업적

찰스 스펄전

그리스도의 업적
Christ's Glorious Achievements

발행일	2019년 1월 30일 초판

지은이	찰스 스펄전 (Charles H. Spurgeon)
옮긴이	정시용

발행인	정시용
발행처	프리스브러리
전자우편	info@prisbrary.com
홈페이지	www.prisbrary.com
후원계좌	씨티은행 533-50447-264-01

Copyright ⓒ 프리스브러리, 2019, Printed in Korea.
ISBN 978-89-6774-037-5 (03230)

이 도서의 국립중앙도서관 출판예정도서목록(CIP)은 서지정보유통지원시스템 홈페이지(http://seoji.nl.go.kr)와 국가자료공동목록시스템(http://www.nl.go.kr/kolisnet) 에서 이용하실 수 있습니다. (CIP제어번호 : CIP2019002351)

이 책의 성경 구절은 보다 정확한 내용 전달을 위해 원문에 사용된 성경 구절을 직접 번역하여 실었습니다.

차례

들어가는 글 ·· 5

제1장_**율법의 마침이 되신 그리스도** ·· 8
    1. 그리스도와 율법의 관계
    2. 우리와 그리스도의 관계

제2장_**사탄을 정복하신 그리스도** ·· 37
    1. 본문에 담긴 사실
    2. 이 사실들이 우리에게 미치는 영향
    3. 본문이 우리에게 주는 용기

제3장_**세상을 이기신 그리스도** ·· 66
    1. 예수님이 이기신 세상이란 무엇인가?
    2. 그리스도는 어떻게 세상을 이겼나?
    3. 무엇이 우리를 담대하게 하는가?

제4장_**모든 것을 새롭게 하신 그리스도** ·· 92

1. 새롭게 되는 조건
　　　2. 새로움의 본질
　　　3. 새롭게 되는 범위
　　　4. 새롭게 된 결과

제5장_**세상 권세를 굴복시키신 그리스도** ························· 122
　　　1. 세상 권세를 굴복시키신 그리스도
　　　2. 십자가에서 이루신 승리

제6장_**사망을 멸하신 그리스도** ································· 143
　　　1. 사망은 원수다
　　　2. 사망은 멸망받을 원수다
　　　3. 사망은 마지막에 멸망당한다

제7장_**잃은 자를 찾아 구원하신 그리스도** ······················· 174
　　　1. 주님의 은혜로운 미션
　　　2. 이 땅에 오신 주된 목적
　　　3. 잃은 자에게 필요한 두 가지

들어가는 글

이 책은 우리 주 예수님께서 이루신 업적에 관한 일곱 가지 주제를 다루고 있습니다. 대부분 목회자가 이 주제들에 익숙할 테지만 정작 그 내용을 완벽하게 이해하는 사람은 거의 없습니다. 이것은 비록 제가 매우 좋아하는 주제이지만 다른 어떤 것보다 다루기가 쉽지 않습니다. 우리를 속죄하신 하나님의 은혜와 우리를 위해 대신 죽으신 예수님의 사랑을 인간의 말로 전부 표현하기란 매우 어렵습니다. 하지만 사랑하는 예수님에 관한 주제는 다른 모든 것을 제쳐두고 평생을 연구해도 좋을 만큼 충분한 가치가 있습니다. 그리스의 시인 아나크레온이 다른 모든 주제를 제쳐두고 오직 〈사랑〉에 관해서 노래했듯이, 우리도 마찬가지로 다른 모든 것을 제쳐두고 주님의 놀라운 업적과 고귀한 성품을 찬양하는 일에 영원히 전념해도 좋을 것입니다. 주님께서 행하신 일은 놀랍고 영광스러우며 주님의 의로움은 영원하기 때문에 그것을 전부 말로 표현하는 것은 불가능합니다. 주님에 관해 쓰면 쓸수록 우리 마음은 더욱 뜨거워집니다.

> 그리스도는 주 중의 주이며
> 왕 중의 왕이고,
> 치유하는 날개를 지닌
> 의의 태양이다.
>
> 그리스도는 하늘 중의 하늘이니
> 내가 그분을 어떻게 불러야 할까?
> 그리스도는 처음과 마지막이며
> 모든 것 중의 모든 것이다.

이 설교문을 읽는 모든 자에게 성령님께서 그리스도에 대한 지식을 풍성히 더해주시길 바랍니다. 오직 그리스도에 관한 지식만이 우리가 알아야 할 만한 가치가 있으며, 다른 모든 지혜는 결국 소멸할 것입니다. 오직 성령님께서 깨닫게 해주시지 않으면 누구도 그리스도에 대해 올바로 알 수 없습니다. 그러므로 성령님께서 이 책을 사용하셔서 많은 사람에게 깨달음을 주시길 간절히 기도합니다. 주 예수님, 이 작은 책을 통해 영광 받아 주소서.

겸손히 기도하는 마음으로
찰스 스펄전

율법의 마침이 되신 그리스도

그리스도는 모든 믿는 자의 의를 위한 율법의 마침이시다. (롬 10:4)

율법의 마침이 되신 것은 주님께서 이루신 가장 영광스러운 업적 중 하나이며, 이것을 바로 아는 것은 우리 모두에게 매우 큰 유익이 됩니다.

사람들이 그리스도께 나아오지 않는 이유는 게으르거나 구원받을 생각이 없어서가 아니라, 그들이 하나님께서 정하신 구원의 방식을 받아들이지 못하기 때문입니다. 그들에게는 〈하나님에 대한 열정이 있지만 바른 지식을 따른 것이 아닙니다.〉 (롬 10:2) 구원을 받게 하기 위해 아무리 권면해도 그들은 〈하나님의 의에 자신을 굴복시키지 않습니다.〉 (롬 10:3) 구원받기 위해서는 이처럼 〈자신을 굴복시키는 것〉이 필요합니다. 교만한 자는 스스로 구원을 쟁취하길 원하며, 자기에게 그럴 능력이 있다고 믿습니다. 그는 처절한 실패를 겪고 자신이 완전히 무력하다는 사실을 깨닫기 전까지 포기하지 않을 것입니다. 전혀 무가치한 자에게 아무런 공로나 대가 없이 은혜로 구원이 주어진다는 사실은 세속적인 생각으로는 도저히 받아들일 수 없는 것입니다. 부디 여러분 가운데는 이것을 받아들이지 못하는 자가 없기를 주님께 간구합니다. 이 아침에 제가 전하는 메시지를 통해 하나님께서 여러분의 마음을 만지셔서 그리스도께서 율법의 마침이 되셨으며 여러분이 그동안 힘들게 해왔던 어떠한 행위보다 그리스도께서 완수하신 사역이 훨씬 낫다는 것을 분명히 깨닫게 되길 바랍니다. 하나님은 우리가 예수 그리스도 안에 있는 완전한 구원을 온전히 깨닫는 것을 매우 기뻐하십니다. 그것을 깨달을 때 우리는 천상의 만찬을 생각하며 거룩한 식욕을 느끼고 입에 침이 고이게 될 것입니다. 예수님께서 벌거벗은 우리 영혼을 위해 주신 황금빛 의복을 한 번 보기만 해도 그동안 단단히 붙들고 있던 더러운 넝마는 즉시 던져버릴 것입니다.

이 장에서 저는 두 가지를 말씀드리려 합니다. 첫째는 〈그리스도와 율법의 관계〉입니다. 즉, 그리스도는 의를 위한 율법의 마침이시란 것입니다. 둘째는 〈우리와 그리스도의 관계〉입니다. 즉, 그리스도는 모든 믿는 자의 의를 위한 율법의 마침이시란 것입니다.

1. 그리스도와 율법의 관계

율법은 죄인에게 다른 무엇보다 두려운 것입니다. 이는 〈사망의 쐐기는 죄고, 죄의 힘은 율법〉(고전 15:56)이기 때문입니다. 율법은 우리를 향해 삼키는 불을 내뿜으며 우리를 정죄하고 저주합니다. 성경은 〈누구든지 율법책에 기록된 모든 것을 계속해서 지키지 않는 자는 저주를 받는다〉(갈 3:10)라고 합니다. 하지만 촛불에 뛰어들어 날개가 타버리는 나방처럼, 인간은 본능적으로 구원을 얻기 위해 율법에 매달리며 그것에서 벗어나질 못합니다. 율법은 그저 죄를 드러내고 죄인을 정죄할 뿐입니다. 그리고 우리가 아무리 예수님에 관해 이야기해도 사람들은 율법을 떠나려 하지 않습니다. 그들은 갈보리보다 시내 산을 선호하며 매달릴 곳이 전혀 없는 곳에 매달리려고 애씁니다. 하지만 시내 산에는 임박한 심판을 경고하는 천둥과 나팔소리만 있을 뿐입니다. 그러면 이제 예수님 안에 있는 율법에 관해 살펴보겠습니다.

우리 주님은 율법과 어떤 관계가 있을까요? 예수님은 〈의를 위한 율법의 마침〉이시며, 따라서 율법과 매우 밀접한 관련이 있습니다. 이것이 무슨 뜻일까요? 여기에는 그리스도께서 율법의 〈목적〉이며 〈성취〉이며 〈종결〉이란 의미가 담겨 있습니다.

1) 그리스도는 율법의 목적이다

율법은 우리를 그리스도께 인도하기 위해 주어졌습니다. 율법은 우리를 그리스도께로 안내하는 초등교사와 같습니다. 율법은 죄의 바다에서 물고기를 건져내기 위한 서내한 그물과 같습니다. 율법은 피난처인 항구로 배를 몰아가는 폭풍과 같습니다. 율법은 죄인을 감옥에 가두고 정죄하여 그들이 오직 하나님의 은혜만 바라보게 만드는 보안관과 같습니다. 이것이 바로 율법의 목적입니다. 율법이 비우면 은혜가 그곳을 채웁니다. 율법이 상처를 내면 은혜가 그것을 치유합니다. 율법을 구원받기 위한 수단으로 삼는 것은 결코 하나님께서 의도하신 바가 아닙니다. 인간이 타락하지 않고 하나님께서 주신 본성을 그대로 지니고 있었다면 율법은 우리가 어떻게 행해야 하는지 보여주는 훌륭한 지침서가 되었을 것입니다. 그리고 〈이것을 행하는 자는 그 안에서 살리라〉라는 말씀처럼 우리는 율법을 지킴으로 계속 살았을 것입니다. 하지만 인간이 타락한 이래로 하나님은 행위에 의한 구원의 길을 제시하지 않으셨습니다. 하나님은 그것이 죄악된 피조물에게 불가능한 일이란 사실을 아셨기 때문입니다. 인간은 이미 율법을 어겼으며 이제 무슨 수를 쓰더라도 그것을 회복할 수가 없습니다. 그러므로 그에게는 아무런 소망이 없습니다. 율법은 완전함을 요구하는데, 인간은 이미 율법을 어겼습니다. 그래서 아무리 최선을 다하더라도 본질적인 부분을 충족시킬 수 없습니다. 율법은 죄인에게 다른 어떤 방법으로도 구원을 받을 수 없다는 사실을 깨닫게 하여 결국 믿음으로 그리스도께 나아오도록 하기 위한 것입니다. 율법은 마치 양 떼를 몰아 목자에게 보내는 검은 개와 같으며, 여행자를 거대한 바위 그늘로 피신하게 하는 뜨거운 열기와 같습니다.

우선, 율법은 인간의 죄를 드러냅니다. 십계명을 읽어보고 두려운 마음을 품으십시오. 두 석판에 새긴 하나님의 명령을 조금도 어기지 않았다고 자신 있게 대답할 수 있는 사람이 어디 있겠습니까? 율법은 마치 먼지투성이 방을 밝게 비추는 빛처럼 우리 영혼의 죄악을 밝히 드러냅니다. 율법은 우리 영혼이 죄의 독에 오염되었다는 사실을 판별하는 도구입니다. 바울은 〈한때 율법이 없을 때는 내가 살았으나, 계명이 이르자 죄는 살아나고 나는 죽었다〉(롬 7:9)라고 했습니다. 율법과 마주했을 때 우리는 자랑할 만한 것을 모두 잃어버립니다. 하나님의 계명이 얼마나 광범위하고 영적이며 원대한지 보십시오. 그것은 단지 외적인 행동뿐 아니라 내면의 동기를 살피며 우리의 마음과 생각과 영을 다룹니다. 하나님의 계명에는 표면적인 것보다 더 깊은 의미가 담겨 있습니다. 그 안을 들여다보면 그것이 요구하는 거룩함의 수준이 굉장히 높다는 것을 알 수 있습니다. 율법이 요구하는 바를 바로 이해한다면 여러분은 그 기준에서 한참 못 미친다는 것과 그동안 대수롭지 않게 생각했던 자신의 죄가 너무도 크다는 사실을 깨닫게 될 것입니다. 예전에는 자신이 부유하고 아무것도 부족함이 없다고 생각했지만, 율법과 직면하고 나면 영적으로 완전히 파산하여 빈털터리 신세가 됩니다. 율법의 저울은 우리의 부족한 무게를 드러내며, 이것이 인간의 양심에 끼치는 율법의 첫 번째 영향입니다.

율법은 또한 죄의 끔찍함을 보여줍니다. 모세 시대에 있었던 부정한 자의 구분과 정결 의식은 우리로 하여금 씻김을 받기 위해 그리스도께 나아가야 한다는 것을 보여주는 상징입니다. 성경의 모든 상징은 우리 주 예수 그리스도를 가리킵니다. 구약에서 질병에 걸리거나 부정하여 격리된 자들은 우리가 죄로 인해 하나님과 그분의 백성에게서 떨어져 나간 것을 보여주는 예시입니다. 그들이 특별한 정결 의식을 치르고 다시 돌아오는 것은 우리가 오직 위대한 대제사장이신 예수 그리스도를 통해서만 회복될 수 있다는 것을 나타냅니다. 나병 환자가 정결해지기 위해서 새를 죽여야 했던 것처럼, 우리도 정결해지기 위해 누군가의 생명이 희생되어야 합니다. 예전에는 매일 하나님께 저지른 잘못을 용서받기 위해 아침저녁으로 어린양이 희생되어야만 했습니다. 때로 우리는 피 흘림에 대해 너무 자주 언급한다고 지적받기도 하지만, 구약 시대 때는 피 흘림이 거의 모든 것과 연관되었으며 단지 이야기만 할 뿐 아니라 실제로 피를 흘리고 그것을 눈으로 보았습니다. 히브리서에서 사도는 이렇게 말합니다.

> 그런즉 첫 언약도 피 없이 세워진 것이 아니다. 모세가 율법에 따라서 온 백성에게 모든 계명을 말할 때 물, 붉은 양털, 우슬

초와 함께 송아지와 염소의 피를 취해 그 책과 모든 백성에게 뿌리며, 〈이것은 하나님께서 너희에게 명하신 언약의 피이다〉라고 말했다. 더욱이 그는 성막과 제사용 그릇에도 피를 부렸다. 율법에 의하면 거의 모든 것이 피로 정결케 되니, 피 흘림이 없으면 죄 사함도 없다. (히 9:18~22)

장막과 제단과 휘장과 성막의 바닥에 피가 뿌려졌고 모든 사람이 그것을 눈으로 보아야 했습니다. 저도 그와 같이 목회를 하면서 속죄의 피를 더욱 많이 뿌리려고 합니다. 구약 시절 이처럼 많은 피를 흘려야 했던 것은 그만큼 우리가 죄로 심하게 오염되어 속죄의 피 흘림이 없이는 하나님께 나아갈 수 없다는 것을 보여줍니다. 우리가 하나님께 나아가기 위해서는 반드시 희생이 필요합니다. 예수님의 피가 우리에게 뿌려지지 않으면 우리는 결코 주님께 용납될 수 없습니다. 이처럼 옛 율법은 상징을 통해 인간의 실체와 오실 구세주에 관해 많은 진리를 알려줍니다. 사실상 모든 율법은 그리스도에 관해 알리기 위한 것입니다. 그러므로 그리스도를 모르는 것은 율법의 목적과 의도를 상실한 것입니다. 모세가 백성을 여호수아에게 넘겨준 것처럼, 율법은 우리를 그리스도께 인도합니다.

지금까지 의식법을 살펴보았으니 이제 도덕법으로 넘어가겠습니다. 도덕법은 인간에게 자신이 완전히 무력하다는 것을 가르쳐줍니다. 도덕법은 우리가 하나님의 기준에 얼마나 못 미치는지 보여줄 뿐 아니라, 그것을 유심히 살펴보면 우리의 능력으로는 도저히 도덕법이 요구하는 수준에 이를 수 없다는 사실을 깨닫게 해줍니다. 이처럼 율법이 요구하는 거룩함의 수준은 어떤 인간도 스스로 도달할 수 없는 것입니다. 성경은 〈주님의 계명은 지극히 광대합니다〉(시 119:96)라고 합니다. 어떤 사람이 율법을 온전히 지킬 수 있다고 자신한다면, 그것은 분명 그가 율법이 무엇인지 전혀 모르기 때문에 하는 소리입니다. 시내 산을 따라 올라가면 하늘까지 도달할 수 있다고 착각하는 사람은 분명히 불타는 시온 산의 전경을 한 번도 본 적이 없는 사람일 것입니다. 성도 여러분, 지금 우리가 율법에 대해 말하고 있는 도중에도 우리는 마음으로 율법을 범하고 있습니다. 우리가 율법을 온전히 지킬 수 있다고 생각하는 것은 교만이며, 이것은 탐욕과 살인 못지않게 율법의 정신과 어긋나는 것입니다.

누가 불결한 것에서 정결한 것을 낼 수 있겠습니까? 아무도 없습니다. (욥 14:4)

여자에게서 난 자가 어찌 정결할 수 있겠느냐? (욥 25:4)

율법에 의해 생명을 얻으려면 여러분은 그것을 완전하게 지켜야만 합니다. 하지만 인간이 율법을 완전하게 지키는 것은 불가능하며, 따라서 행위 언약은 여러분을 도울 수 없습니다. 우리는 오직 하나님의 값없이 베푸시는 은혜 안에서만 소망을 찾을 수 있습니다. 우리의 행위는 구원을 위한 어떠한 공로도 되지 않으며 오직 하나님의 진노만 쌓을 뿐입니다. 율법이 바로 이 사실을 우리에게 가르쳐줍니다. 이것을 되도록 빨리 깨달을수록 좋습니다. 그래야 더 빨리 모든 것을 버리고 그리스도께 달려갈 수 있기 때문입니다.

율법은 또한 우리가 물과 피로 깨끗이 씻겨야만 한다는 것을 알려줍니다. 율법을 통해 우리는 자신이 얼마나 더러운지 발견하며, 하나님께 가까이 나아가기 위해서는 이 더러움을 깨끗이 씻어야 한다는 사실을 깨닫게 됩니다. 그래서 율법은 우리로 하여금 오직 그리스도만이 우리를 정결케 하며 하나님께 나아갈 수 있게 하는 유일한 분임을 인정하게 합니다. 율법은 외과의사의 메스처럼 우리 육신의 교만함을 도려내 상처가 치유되도록 합니다. 우리 영혼의 방을 청소할 때 율법만으로는 그저 먼지를 일으킬 뿐이지만, 그곳에 복음의 물을 뿌리고 율법으로 닦는다면 깨끗하게 청소가 됩니다. 율법은 죽이는 역할을 하며, 복음은 다시 살리는 역할을 합니다. 율법이 더러운 옷을 벗기면, 예수 그리스도께서 오셔서 아름다운 영광의 옷을 입혀주십니다. 성경의 모든 계명과 상징은 그것의 본래 의도를 올바로 따르기만 한다면 우리를 그리스도께 인도합니다. 그것들은 우리를 잘못된 자기 의에서 벗어나 오직 그리스도의 도움만 바라게 합니다. 이처럼 그리스도는 율법이 존재하는 목적이기 때문에 율법의 마침이 되십니다.

2) 그리스도는 율법의 성취이다

의가 없이는 어느 누구도 구원받을 수 없습니다. 하늘과 땅을 만드신 하나님께서는 모든 피조물에게 의로움을 요구하십니다. 그리스도는 우리에게 율법이 결코 주지 못하는 의를 주시기 위해 이 땅에 오셨습니다.

〈믿음에 의한 의〉는 곧 〈하나님의 의〉를 말하며, 믿는 자는 믿음으로 의롭게 되었기 때문에 부끄러움을 당하지 않습니다. (롬 10:10~11) 율법이 하지 못한 일을 예수님은 성취하셨습니다. 예수님은 율법이 요구하지만 율법을 통해서는 얻을 수 없는 의를 우리에게 주셨습니다. 이 놀라운 의는 율법보다 훨씬 넓고 깊고 높습니다. 계명이 요구하는 것은 매우 광범위하지만, 그리스도의 의는 그것을 전부 채우고도 남습니다. 그리스도는 우리의 불순종에 맞추어 율법을 느슨하게 하시지 않았습니다. 율법의 조항은 조금도 느슨해지지 않았습니다. 만약 그랬다면 이전의 율법은 지나치게 엄격했다는 의미가 됩니다. 하지만 율법은 변함없이 거룩하고 공의롭고 선하며 일점일획도 변경되지 않습니다. 우리 주님은 율법의 요구를 모두 충족하심으로써 그것이 처음부터 완전했음을 보이셨습니다. 율법은 어떠한 점도 흠도 실패도 결함도 없이 완벽한 복종을 요구하며, 그리스도는 그것을 모두 충족하는 의를 그분의 백성에게 주셨습니다. 율법이 요구하는 의는 모든 의무를 완전히 수행하며 어떠한 죄도 범하지 않는 것이며, 그리스도께서 주신 의는 그것에 온전히 합당한 것입니다. 그래서 위대하신 하나님께서 그분의 백성을 점이나 주름이나 어떤 흠도 없는 완전한 자로서 받으실 수 있게 하셨습니다. 율법이 온전히 충족되기 위해서는 겉으로 드러나는 행위뿐 아니라 영적인 순종도 반드시 있어야 합니다. 그런데 예수님은 자기를 보내신 분의 뜻을 행하려는 열정에 사로잡혀 율법의 모든 것을 충족할 만큼 완전히 복종하셨습니다.

주님은 〈나의 하나님, 제가 주님의 뜻을 행하기를 기뻐하며 주님의 법이 제 마음속에 있습니다〉(시 40:8)라고 하셨습니다. 주님은 바로 이런 의를 모든 믿는 자에게 주셨습니다. 〈한 사람의 순종함으로 많은 사람이 의롭게 된다〉(롬 5:19)라는 말씀처럼 믿는 자는 그리스도 안에서 완전히 의롭게 됩니다. 우리는 그리스도께서 예비하신 순백의 예복을 입고 조금도 두려움 없이 장엄한 하나님의 나라에 당당하게 들어갈 것입니다. 성도 여러분, 이 점은 아무리 강조해도 결코 지나치지 않습니다. 오직 의인만이 구원을 받을 수 있지만, 예수 그리스도께서 우리를 의롭게 하셨기 때문에 우리는 구원을 받게 되었습니다. 아브라함이 하나님을 믿어서 의롭다 여겨진 것처럼, 그리스도를 믿는 자도 의롭다 여겨집니다. 그들은 그리스도 안에서 의롭게 되었기에 〈그러므로 이제는 예수 그리스도 안에 있는 자들에게 결코 정죄함이 없습니다.〉(롬 8:1) 이제 하나님께서 택하신 백성은 그리스도께서 그들을 위해 죽으셨기에 사람이나 천사나 악마나 어느 누구도 그들을 정죄할 수 없습니다. 율법은 우리에게 완전한 의를 요구하지만 우리는 믿음으로 예수 그리스도를 통해 의인이 되었기에 당당할 수 있습니다. 우리는 믿음으로 그리스도와 하나가 되었으므로 이제 그리스도의 의가 우리의 것입니다. 그러므로 주님은 〈우리 의가 되신 여호와〉(렘 23:6)라고 칭하여질 것입니다.

예수님은 이렇듯 본래 율법이 요구하는 바를 모두 성취하셨습니다. 하지만 우리는 이미 율법을 어겼기 때문에 그에 대한 대가를 치러야만 합니다. 현재와 미래에 아무리 율법을 잘 지킨다고 하더라도 그것이 과거에 저지른 잘못을 없애주지는 못합니다. 우리는 죄를 지었기 때문에 저주를 받았고 형이 선고되었습니다. 성경은 〈죄가 있는 자는 결단코 면죄하지 않을 것이다〉(출 34:7)라고 합니다. 우리가 저지른 모든 죄와 불법은 그에 합당한 대가를 치러야만 합니다. 하지만 우리 주 예수 그리스도께서 율법의 형벌을 모두 끝내셨습니다. 저주와 형벌은 생각만 해도 끔찍하지만 그리스도께서 그것을 모두 해결하시고 우리를 죄에서 해방하셨습니다. 율법은 이제 모든 믿는 자에게 어떠한 저주나 형벌도 내리지 못합니다. 믿는 자는 갈보리 십자가를 바라보며 〈율법아, 예수님께서 나를 위해 피를 흘리셨으니 나는 너의 요구에 당당하며, 주님 덕분에 나는 진노를 피해 구원받을 것이다〉라고 말합니다. 이처럼 그리스도의 의로 인해 율법이 요구하는 의무가 모두 충족되었을 뿐 아니라, 그리스도께서 흘리신 피로 인해 율법을 범한 자에게 내려질 형벌도 모두 충족되었습니다. 이것이 바로 성육신한 하나님께서 이루신 업적입니다. 주님은 죄와 불법을 끝내고 불의한 자를 중재하며 그들에게 영원한 의를 주셨습니다. 그러므로 모든 영광을 주님께 돌리십시오.

그리스도께서는 우리가 받아야 할 형벌을 모두 치르셨을 뿐 아니라, 그렇게 함으로써 율법의 권위도 높이셨습니다. 만일 전 인류가 한 사람도 빠짐없이 율법을 온전히 지켰다면, 아마도 그리스도께서 율법을 존중한 일이 그렇게 대단하게 여겨지지 않았을 것입니다. 하나님은 친히 성육신하여 자신의 삶과 죽음을 통해 율법의 권위를 드러내시며 어떠한 사랑과 권세로도 공의를 배제할 수 없다는 것을 보이셨습니다. 율법을 만드신 분께서 직접 그것에 복종하셨는데 누가 감히 율법에 대해 항의할 수 있겠습니까? 율법을 만드신 분께서 직접 그것을 어겼을 때 받아야 할 형벌을 치르셨는데 누가 감히 율법이 너무 엄격하다고 불평할 수 있겠습니까? 예수님은 인간의 대표로서 우리와 같은 성정을 지니셨으며, 따라서 하나님은 독생자 예수님에게 율법에 대한 완전한 복종을 요구하셨습니다. 그리고 하나님의 독생자는 아무런 불평 없이 자발적으로 자신을 낮춰 율법에 복종하셨습니다. 그리스도는 〈주님의 법은 저의 기쁨입니다〉

라고 하셨으며, 실제 행동으로 그것을 증명하셨습니다. 이처럼 임마누엘이신 예수님께서도 율법의 멍에를 거부하지 않고 우리를 구원하기 위해 짊어지셨으며 그 멍에 아래서 십자가에 죽기까지 복종하셨습니다.

또한, 그리스도께서는 율법을 존중하심으로써 그것이 폐지되지 않고 계속 유지된다는 것을 보이셨습니다. 주님은 〈내가 율법이나 선지자를 폐하러 왔다고 생각하지 마라. 폐하러 온 것이 아니라 성취하려 함이다. 내가 진실로 너희에게 말하니, 하늘과 땅이 없어지기 전에 율법이 모두 성취되기까지 한 점 한 획도 결코 없어지지 않을 것이다〉(마 5:17~18)라고 하셨습니다. 그리스도는 삶과 죽음을 통해 옳고 그름의 영원한 기준을 바로 세우셨습니다. 바울은 〈그러면 우리가 믿음으로 율법을 무효로 하느냐? 그것은 하나님께서 금하시며, 우리는 율법을 굳게 세운다〉(롬 3:31)라고 했습니다. 믿음에 의한 복음은 율법을 변경하거나 낮추는 것이 아니라 오히려 그것이 그리스도에 의해 어떻게 성취되었는지 보임으로써 율법의 거룩함과 공의로움을 드러냅니다. 율법은 영원히 굳게 서 있을 것이며, 하나님은 택하신 자를 구원한 후에도 그것을 변경하지 않으실 것입니다. 하나님은 택하신 백성을 구원하시기 위해 의의 기준을 희생하지 않으십니다. 그런데 율법이 변하지 않으면 어떻게 죄로 가득한 우리가 구원받을 수 있을까요? 율법이 반석처럼 변하지 않으면서도 우리가 하나님의 은혜로 속죄받는 방법을 그리스도께서 보여주셨습니다. 그리스도 안에서 우리는 은혜와 공의가 함께 조화를 이루며 빛나는 것을 봅니다. 하나님은 독생자의 죽음을 통해 율법의 모든 요구를 충족하면서도 그분의 택하신 자들을 구원하실 수 있었습니다. 지금까지 그리스도께서 어떻게 율법을 성취하셨는지 설명하였습니다. 부디 성령님께서 이 가르침에 축복해주시길 기도합니다.

3) 그리스도는 율법의 종결이다

그리스도께서는 두 가지 의미에서 율법을 끝내셨습니다.

첫째, 그리스도의 백성은 이제 생명을 얻는 수단으로써 〈율법의 언약〉 아래 있지 않습니다. 성경은 〈우리는 율법 아래 있지 않고 은혜 아래 있다〉(롬 6:14)라고 합니다. 우리의 조상 아담과 맺었던 옛 언약은 〈이것을 행하면 너희가 살 것이다〉였습니다. 하지만 아담은 하나님의 명령을 어겼으며 결과적으로 생명을 얻지 못했습니다. 그리고 아담 안에서 우리 모두도 생명을 얻지 못하고 죽었습니다. 우리는 옛 언약을 지키지 못하고 그것에 의해 정죄되었습니다. 하지만 이제 우리는 그리스도 안에서 함께 죽어 더 이상 옛 언약 아래 있지 않습니다. 물론 지금도 우리는 선행에 힘써야 하지만 그것을 통해 생명을 얻거나 하나님께 인정받을 수는 없습니다. 우리의 선행이 아니라 하나님의 영원하신 뜻에 의한 선택으로 우리는 성령님께 부름 받았으며 더 이상 옛 언약의 속박 아래 있지 않습니다. 이제 우리는 예수 그리스도를 통해 은혜로 말미암아 속죄함을 받았기에 더 이상 종의 신분이 아니라 하나님의 자녀가 되었습니다. 구원을 얻기 위해 선행을 하는 것이 아니라, 이미 구원을 받았기 때문에 선행을 하는 것입니다. 우리의 행위는, 심지어 그것이 성령님에 의한 것이라도, 결코 하나님께 사랑받는 근거가 되지 않습니다. 왜냐면 하나님은 우리가 사랑받을 자격이 전혀 없을 때부터 먼저 사랑하셨으며, 지금은 우리 자신의 모습이 아니라 그리스도 안에서 그분의 보혈로 씻김 받고 의롭게 된 우리를 사랑하시기 때문입니다. 여러분은 율법 아래 있지 않습니다. 그리스도께서 여러분을 율법의 언약에서 해방해 하나님의 양자가 되게 하셨으며, 따라서 이제 우리는 하나님을 아바 아버지라 부릅니다.

둘째, 그리스도의 백성은 더 이상 〈율법의 저주〉 아래 있지 않습니다. 이제 율법은 믿는 자를 저주할 수 없습니다. 오히려 그리스도 안에 있는 믿는 자는 그리스도께서 주신 완전한 의를 지니고 있기 때문에 이제 율법은 그에게 축복이 됩니다.

잘못을 용서받고 죄가 가려진 자는 복되다. 여호와께서 죄를 묻지 않으시고 그 마음에 속임이 없는 자는 복되다. (시 32:1~2)

〈나무에 달린 자마다 저주를 받은 것이다〉라는 말씀처럼 그리스도는 우리를 위해 저주를 받으셨으며, 우리는 그로 인해 율법의 저주에서 벗어나게 되었습니다. 형제 여러분, 이런 구원의 신비가 이해되십니까? 예수님께서 여러분이 서야 할 자리에 대신 서셨다는 사실을 알겠습니까? 그리스도께서 저주를 받으시고 정죄되고 아버지께 맞으시고 죽기까지 하신 덕분에 여러분은 깨끗해지고 의롭다 여김 받고 저주에서 벗어났습니다. 여러분이 받아야 할 저주는 전부 구세주께서 대신 받으셨습니다. 그리고 그리스도의 의가 여러분에게 전가되었기 때문에 여러분은 영원히 주님의 축복을 받게 되었습니다. 그러므로 우리는 승리의 기쁨을 누려야 하지 않겠습니까? 하지만 여전히 일부 하나님의 백성은 자기가 율법 아래 있다고 느끼며 구원의 확신 없이 두려워합니다. 하지만 성경은 하나님께서 〈경건하지 못한 자를 의롭게 하신다〉라고 합니다. 제 경우를 말하자면, 저는 주님께 가까이 나아가는 것을 좋아합니다. 만일 주님 앞에 서는 것이 선행과 의로움에 달려 있다면, 저는 하루에도 스스로를 수천 번 정죄했을 것입니다. 하지만 저는 그렇지 않고 〈나는 예수 그리스도를 믿음으로 의롭게 되었다〉라고 고백하며 천국의 평안과 안식을 누립니다! 이런 체험을 한 사람은 예수 그리스도를 향한 사랑으로 불타올라 자신을 율법의 저주에서 벗어나게 해주신 주님을 생각하며 더 이상 죄 가운데 살지 않고 새로운 삶을 살려고 노력합니다. 우리는 이제 자신의 소유가 아니라 값을 치르고 사신 하나님의 소유이므로 우리 몸과 영을 주님께 영광 돌리는 일에 사용해야 합니다. 지금까지 살펴본 것처럼 그리스도는 율법과 밀접한 관련이 있습니다.

2. 우리와 그리스도의 관계

이제 두 번째로 우리와 그리스도의 관계를 살펴보겠습니다. 그리스도는 〈모든 믿는 자에게〉 율법의 마침이 되십니다. 오늘 본문 구절은 〈모든 믿는 자에게〉란 표현에 강조점이 있습니다. 형제자매 여러분, 예수님을 믿으십니까? 하늘 아래 이보다 더욱 중요한 질문은 없습니다. 여러분은 하나님의 독생자를 믿으십니까? 그런데 믿는다는 것은 무엇을 의미할까요? 믿는다는 것은 단지 교리집과 신앙고백문에 나온 대로 따라서 읽은 다음 책장에 꽂아놓고 잊어버리는 일이 아닙니다. 믿는다는 것은 대상을 신뢰하고 모든 것을 털어놓고 의존하고 기대며 그 안에서 안식을 취하는 일입니다. 여러분은 죽음에서 부활하신 예수 그리스도를 믿습니까? 그리스도께서 죄인의 자리에 대신 서며, 의로우신 분께서 불의한 자를 대신하여 고통받으신 것을 믿습니까? 그리스도께서 그분을 통해 하나님께 나아오는 자를 구원하실 수 있다는 사실을 믿습니까? 오직 그리스도를 통해서만 여러분의 영혼이 구원받는다는 것을 믿습니까? 그렇다면 여러분은 믿는 자이며, 그리스도는 여러분의 의를 위한 율법의 마침이 되십니다. 여러분이 믿지 않는다면 다른 어떤 것도 소용없습니다. 믿음이 없다면 가장 중요한 요소가 결핍된 것입니다. 믿음이 없으면 성결, 기도, 말씀 묵상, 설교 듣기를 아무리 많이 해도 그저 흩날리는 겨와 같습니다. 가장 중요한 것은 여러분이 믿느냐 믿지 않느냐입니다. 여러분은 자신에게서 눈을 돌려 예수님의 의를 바라보십니까? 그렇다면 예수님은 여러분의 의를 위한 율법의 마침이 되십니다.

여기서 주목할 점은 〈모든 믿는 자〉를 이야기할 때 그가 믿기 이전에 어떤 성품을 지녔는지에 대해서는 언급하지 않았다는 사실입니다. 하지만 믿기 전에 성도를 박해하고 죽이고 감옥에 가두었던 자를 위해서도 그리스도께서 율법의 마침이 되실까요? 성령님에 의해 오늘 본문 구절을 기록한 바울이 바로 그랬던 자입니다. 그러므로 과거의 삶이 아무리 많은 죄로 물든 자라도 〈사람에 대한 모든 종류의 죄와 모독은 용서받을 수 있다〉(마 12:31)라는 말씀처럼 용서받을 수 있습니다. 주 예수 그리스도를 믿기만 하면 여러분은 하나님의 독생자께서 흘리신 보혈로 모든 죄를 씻김 받고 여러분의 불의는 모두 지워 없어질 것입니다. 복음은 죄인을 위한 것입니다. 복음은 죄가 없는 자를 위한 것이 아니라 자신의 죄를 고백하고 용서를 구하는 자를 위한 것입니다. 예수님은 죄 없는 자에게 상을 베푸시기 위해 이 세상에 오신 것이 아닙니다. 예수님은 잃은 자를 찾아 구원하러 오신 것입니다. 하나님에게서 멀리 떠나 있던 자들이 그리스도를 믿고 하나님께 가까이 나아오면 주님은 그의 죄를 묻지 않으시고 오히려 의를 베풀어주십니다. 그리스도는 모든 믿는 자의 의를 위한 율법의 마침이십니다. 창녀나 술주정뱅이나 도둑이나 거짓말쟁이나 조롱하는 자나 죄로 물든 반역자라도 자신의 길에서 돌아서서 그리스도를 믿기만 하면 의를 얻을 수 있습니다. 사실 이런 예를 들 필요도 없습니다. 바로 저 자신이 대표적인 사례이기 때문입니다. 제가 그리스도를 믿었을 때 그분은 저의 의를 위한 율법의 마침이 되셨습니다. 저는 제가 믿는 분이 누구인 것을 알며 그가 저를 마지막 날까지 지키실 것을 확신합니다.

또한, 오늘 본문에서 알 수 있는 점은 믿음이 강하고 약한 정도에 따라 자격이 나뉘는 것이 아니란 사실입니다. 그리스도는 〈모든 믿는 자〉의 의를 위한 율법의 마침이십니다. 믿음이 약한 자이든 믿음이 강한 자이든 상관없습니다. 예수님은 선봉에 있는 자들뿐 아니라 가장 뒤에 처진 자들도 마찬가지로 보호하십니다. 어떠한 믿는 자든 의롭게 되는 것에 차이는 없습니다. 여러분이 그리스도께 붙어있기만 하면 하나님의 의는 바로 여러분의 것입니다. 아무리 거미줄처럼 가느다란 믿음의 끈이라도 그리스도께 연결되어 있기만 하면 하나님의 은혜를 받기에 충분합니다. 전류도 매우 가는 전선을 통해 바다 건너편까지 흐릅니다. 여러분의 믿음이 겨자씨만큼 작을지라도, 주님의 옷자락을 겨우 만질 정도로 두려워 떨지라도, 〈주님, 제가 믿습니다. 저의 믿음 없음을 도와주소서〉라고 간신히 고백할지라도, 낙심한 베드로와 슬피 우는 마리아 같은 믿음을 지녔을지라도, 그 믿음이 그리스도를 향한 것이라면 그리스도는 여러분에게 의를 위한 율법의 마침이 되어주십니다.

사랑하는 성도 여러분, 이것이 사실이라면 믿음을 지닌 우리는 모두 의롭게 된다는 것입니다. 주 예수 그리스도를 믿음으로 우리는 율법의 행위를 좇는 자들은 결코 알지 못하는 의를 얻습니다. 비록 우리는 아직 완전히 성화되지는 않았지만 하나님께서 우리를 거룩하게 해주실 것입니다. 우리는 죄를 미워하긴 해도 여전히 그 영향에서 완전히 벗어나지 못했지만 하나님께서 보시기에는 믿음을 통해 그분과 화목하기에 충분할 만큼 의롭게 되었습니다. 그러니 죄의 짐을 짊어진 믿는 자들은 주님께 나아오십시오. 자신의 죄 때문에 애통해하더라도 여러분의 구세주께서 주실 의를 의심하지는 마십시오. 여러분은 비록 검을지라도 아름답습니다. (아 1:5)

> 비록 우리 모습은 보기 흉하고
> 게달의 장막처럼 검지만,
> 주님의 아름다움을 입으면
> 우리는 솔로몬의 궁전처럼 아름답다.

또한, 〈네가 입으로 예수님을 주로 고백하고 마음으로 하나님께서 그분을 죽음에서 살리신 것을 믿으면, 너는 구원을 받을 것이다〉(롬 10:9)라는 구절에서 볼 수 있듯이 믿음으로 의롭게 되는 것은 구원과 직결됩니다. 의롭게 된 자는 구원을 받습니다. 만일 그렇지 않다면 의롭게 되는 것이 무슨 의미가 있겠습니까? 하나님은 믿는 자에게 〈구원받았다〉라고 선언하셨으며 어떤 것도 이 판결을 뒤집을 수 없습니다. 여러분은 죄와 사망과 지옥에서 구원받았습니다. 여러분은 지금도 구원받은 상태입니다. 하나님은 우리를 구원하시고 거룩한 부르심으로 부르셨습니다. (딤후 1:9) 이 시간 여러분이 하나님의 자녀가 되었음을 느끼시기 바랍니다.

이제 제가 설명할 내용은 모두 마쳤습니다. 혹시 이 자리에 자기 힘으로 구원을 얻을 수 있으며 자신의 의가 하나님 앞에 충분하리라 생각하는 사람이 있다면, 부디 여러분의 구세주를 모욕하는 짓을 그만두라고 간청하고 싶습니다. 여러분의 의가 하나님 앞에 충분하다면, 그리스도는 도대체 무엇 때문에 이 땅에 오셨단 말입니까? 여러분의 의를 예수 그리스도와 비교해 보십시오. 여러분과 그리스도의 의를 비교할 수 있습니까? 차라리 개미와 대천사를 비교하는 편이 나을 것입니다. 여러분과 그리스도의 차이는 밤과 낮이나 지옥과 천국보다 훨씬 큽니다. 만일 제게 아무도 흠잡을 수 없는 의가 있다 하더라도, 저는 그리스도의 의를 얻기 위해 자발적으로 그것을 던져버릴 것입니다. 하지만 제게는 그런 의가 없기 때문에 오히려 더욱 주님의 의를 기뻐할 수 있습니다. 휫필드는 브리스톨 근처의 킹스우드에서 광부들에게 처음으로 설교했을 때, 석탄 가루로 새까만 그들의 얼굴이 눈물로 하얗게 씻겨지는 모습을 보고 그들의 마음이 움직인다는 사실을 알 수 있었습니다. 휫필드는 그들이 복음을 받아들이는 것을 보고 일기에 〈이 불쌍한 광부들은 자기에게 아무런 의도 없었기에 세리와 죄인을 구원하러 오신 그리스도 안에서 영광스럽게 되었다〉라고 기록했습니다. 휫필드의 말은 광부들뿐 아니라 이곳에 있는 우리에게도 똑같이 적용됩니다. 비록 우리의 얼굴은 검지 않지만 마음은 새까맣습니다. 우리도 그리스도를 얻기 위해 우리 자신의 의를 찌꺼기와 오물처럼 여기며 멀리 던져버려야 합니다. 우리의 소망과 의지는 오직 그리스도께 있습니다.

마지막으로, 그리스도의 의를 거절하는 자는 누구든지 영원히 멸망할 것입니다. 하나님께서 그리스도를 통해 주신 참되고 신성한 의를 거부하고 자신의 거짓된 의를 내세우는 자는 하나님께서 용납하시지 않기 때문입니다. 여러분이 설사 자신의 힘으로 천국 문까지 간다고 하더라도, 천국 문을 지키는 천사가 〈당신은 이곳에 들어가기 위해 어떤 권리를 가지고 있습니까?〉라고 물었을 때 여러분이 〈저 자신의 의가 있습니다〉라고 대답한다면, 그 천사가 여러분을 천국에 들여보내기 위해서 여러분의 의가 그리스도의 의와 동등한 가치가 있다고 판단해야만 합니다. 그런 일이 과연 있을 수 있겠습니까? 하나님께서 그런 거짓말을 인정하시겠습니까? 타락한 죄인의 거짓 의가 그리스도의 정금 같이 완전한 의와 나란히 비교될 수 있겠습니까? 여러분이 보혈로 씻길 필요가 없다면 그리스도께서 하신 일은 불필요한 것이었나요? 그럴 수 없습니다. 여러분에게는 반드시 그리스도의 의가 필요하고, 그것이 없다면 여러분은 불의한 자이고, 불의한 자는 구원받지 못하고, 구원받지 못한 자는 영원히 멸망에 처해야 합니다.

결국 지금까지 한 이야기를 한마디로 정리하면, 우리는 주 예수 그리스도를 믿음으로 의롭게 된다는 것입니다. 이것이 전부입니다. 그런데 우리가 그리스도를 믿으면서 자기 마음대로 살 수 있을까요? 그렇지 않습니다. 예수님을 믿는 자는 영혼이 새롭게 되고 새로운 본성을 지니기 때문에 더 이상 죄 가운데 살 수 없습니다. 여러분을 믿음으로 인도하신 하나님의 영이 여러분의 마음 또한 변화시키실 것입니다. 그래서 여러분은 지금과 전혀 다른 삶을 원하게 됩니다. 믿고 난 이후에는 회심하기 전에 사랑했던 것을 미워하게 되고, 미워하던 것은 사랑하게 될 것입니다. 지금까지 여러분은 선하게 살려고 노력했지만 여러분의 마음이 하나님에게서 멀어져 있는 탓에 늘 실패했습니다. 하지만 그리스도의 보혈을 통해 구원받은 후에는 하나님을 사랑하게 되며 그분의 계명을 지키는 것이 더 이상 괴롭지 않습니다. 여러분에게 부족한 것은 마음의 변화이며, 하나님의 은혜가 없으면 우리의 마음은 결코 변하지 않을 것입니다. 옛 언약에는 회심에 대한 어떤 언급도 없습니다. 회심에 대해 알기 위해서는 새 언약을 보아야 합니다.

> **내가 또한 너희에게 새 마음을 주고 너희 안에 새 영을 넣어줄 것이며, 너희 육신의 돌 같은 마음을 제거하고 너희에게 살처럼 부드러운 마음을 줄 것이다.** (겔 36:26)

이것은 하나님께서 주신 놀라운 언약이며 성령님께서 이것을 택함 받은 자에게 이루어주십니다. 주님께서 여러분을 부드럽게 설득해 예수 그리스도를 믿게 하여주실 것이며, 주님께서 약속하신 모든 것을 여러분에게 이루어주실 것입니다. 주님께서 여러분을 축복해주실 것입니다! 성령님, 저의 부족한 말을

사용해 예수님이 널리 전파되게 하여주소서. 아멘

사탄을 정복하신 그리스도

내가 너와 여자 사이 및 네 씨와 여자의 씨 사이에 증오를 둘 것이니, 여자의 씨가 네 머리를 상하게 하며, 너는 그의 발꿈치를 상하게 할 것이다. (창 3:15)

이제 우리 주 예수님께서 인류의 가장 큰 적인 사탄을 정복하신 영광스러운 업적을 살펴보겠습니다.

오늘 본문은 이 땅에 전해진 첫 번째 복음 설교입니다. 이것은 여호와께서 직접 설교자로서 온 인류와 어둠의 군주를 대상으로 선포하신 기념비적인 설교입니다. 우리는 이 구절을 매우 주의 깊게 살펴볼 필요가 있습니다.

인류가 타락한 지 얼마 되지도 않았는데 하나님께서 이런 위대한 복음을 약속해주신 것이 참으로 놀랍지 않습니까? 이것은 아직 여자에게 괴로운 산고가, 남자에게 노동의 수고가, 땅에게 가시덤불과 엉겅퀴의 저주가 내려지기도 전의 일이었습니다. 진실로 하나님의 긍휼은 심판을 이기고 기뻐합니다. (약 2:13) 주님은 〈너희가 흙으로 만들어졌으니 흙으로 돌아가리라〉라고 말씀하시기 전에 〈여자의 씨가 뱀의 머리를 부술 것이다〉라고 말씀하셨습니다. 죄의 어둠이 닥치기 전에 위로의 약속으로 우리를 안심시키시는 하나님의 은혜를 기뻐하십시오.

본문 구절은 아담과 하와에게 직접 말씀하신 내용은 아니지만, 형벌의 내용으로 보아 그들은 뱀과 확실히 구별된 것을 알 수 있습니다. 어둠과 증오와 적의로 가득한 뱀은 성공을 거두고 잠시 기뻐하였지만, 그것은 그에게 잔혹한 일이 되었습니다. 그는 하나님의 사역 중 일부를 망쳐놨으며, 세상에 죄를 들여왔고, 하나님의 형상대로 지음 받은 인류를 짓밟았으며, 하나님께 반역하고 악을 널리 퍼트릴 힘을 얻었습니다. 그래서 그는 지옥을 품고 있는 자답게 음흉한 미소를 지었습니다. 하지만 이제 하나님께서 직접 싸움에 개입하여 전장에서 일시적인 승리를 만끽하고 있던 그를 꾸짖으셨습니다. 하나님은 마귀를 직접 처리하시겠다고 하십니다. 이것은 인간과 뱀의 싸움이 아니라 하나님과 뱀의 싸움입니다. 하나님은 엄중하게 〈내가 너와 여자 사이 및 네 씨와 여자의 씨 사이에 증오를 둘 것이다〉라고 말씀하셨습니다. 하나님께서 약속하신 씨는, 비록 고난을 받지만, 때가 이르렀을 때 악의 권세를 무너뜨리고 뱀의 머리를 부술 것입니다. 이것은 제가 보기에 아담과 하와에게 주는 위로의 메시지이기도 합니다. 왜냐하면 그들을 유혹한 사탄이 확실히 벌을 받을 것을 알려주기 때문입니다. 하지만 아마도 주님은 〈타락한 남자와 여자여, 나는 너희를 위해 이것을 하는 것도 아니고 너희 후손을 위한 것도 아니다. 다만 나의 이름과 명예가 타락한 영에 의해 훼손되지 않게 하도록 사탄이 망쳐놓은 것을 회복시키려는 것이다〉라는 의미로 말씀하셨을 것입니다. 이것은 우리를 겸손하게 하는 말씀이지만 잘 생각해보면 오히려 큰 위로가 되기도 합니다. 우리를 위해서 정하신 약속보다는 하나님 자신을 위해 정한 약속이 훨씬 확실하기 때문입니다. 소망의 근거로 삼기에는 우리의 공로 따위보단 하나님의 주권과 영광이 더욱 안정적입니다.

초창기 성도들은 바로 이 첫 번째 복음 설교를 믿음의 근거로 삼았습니다. 아담과 아벨은 이 말씀에 의지하여 구원의 길을 보았습니다. 아벨의 하늘에는 오직 이 별 하나만 빛났으며, 그는 그것을 보고 여호와께 어떤 희생 제물을 드려야 할지 알았습니다. 그래서 그는 양 떼 중 첫 새끼를 제물로 바쳤습니다. 또한, 그의 형이 그를 죽임으로써 뱀의 씨가 얼마나 여자의 씨를 증오하는지 증명되었습니다. 에녹은 아담의 7대손이며 재림에 관한 예언을 했지만(유 1:14), 그리스도의 초림에 관해서는 어떠한 언급도 하지 않았습니다. 그러므로 그의 시대에도 여전히 이 첫 번째 복음이 사람들의 유일한 소망이었습니다. 주님께서 모세를 통해 그분의 언약을 더욱 확실히 계시해주시기 전까지 이 복음은 모든 믿는 자의 길을 밝혀주는 횃불이었습니다. 홍수 전에 살았던 조상들은 이 구절의 신비로운 표현을 기뻐하며 그것에 의지해 믿음으로 죽음을 맞이했습니다.

하지만 이것은 결코 부족한 계시가 아니었습니다. 주의 깊게 살펴보면 이 구절에는 놀랍게도 완전한 복음이 담겨 있습니다. 저는 이 구절을 통해 복음에 관한 거의 모든 교리를 설명할 수 있습니다. 그리스도의 복음에 관한 위대한 진리가 이곳에 모두 담겨 있습니다.

첫째, 우리는 여기서 성육신의 놀라운 신비를 살펴볼 수 있습니다. 그리스도께서 바로 이곳에 언급된 〈여자의 씨〉이며, 이것은 성육신이 어떤 방식으로 일어나는지도 알려줍니다. 예수님은 일반적인 사람의 아들들과 같은 방식으로 태어나시지 않았습니다. 마리아는 성령님에 의해 잉태되었고, 그녀에게서 태어난 〈거룩한 아이〉는 인간적인 측면에서 봤을 때 남자가 관여되지 않은 〈여자의 씨〉였습니다. 그래서 성경은 〈보아라, 처녀가 잉태하여 아들을 낳을 것이며, 그의 이름은 임마누엘이라 불릴 것이다〉(사 7:14)라고 했습니다. 이 약속은 구원자가 한 여자에게서 신성한 방식으로 잉태되고 태어난다는 사실을 암시하고 있습니다.

둘째, 오늘 본문에는 〈내가 너와 여자 사이 및 네 씨와 여자의 씨 사이에 증오를 둘 것이니〉라며 두 씨가 언급됩니다. 이것으로 보아 이 세상에는 하나님의 편에서 뱀을 대적하는 여자의 씨와 악의 편에서 하나님을 대적하는 뱀의 씨가 있다는 사실을 알 수 있습니다. 이 세상에는 하나님의 교회와 사탄의 회당이 함께 존재합니다. 우리는 성경을 통해 아벨과 가인, 이삭과 이스마엘, 야곱과 에서의 삶을 볼 수 있습니다. 그들은 모두 육신을 따라 그들의 아비 마귀의 자식으로 태어나 마귀를 위해 일합니다. 하지만 성령님에 의해 거듭나고 그리스도의 생명을 받은 자는 여자의 씨인 예수 그리스도 안에 거하며 용과 그의 씨를 대적해 싸웁니다.

셋째, 〈너는 그의 발꿈치를 상하게 할 것이다〉라는 표현에서 그리스도께서 받으실 고난을 분명히 알 수 있습니다. 이 짧은 문장으로도 우리는 주님이 베들레헴부터 갈보리까지 받으실 모든 수난을 유추할 수 있습니다. 또한, 〈여자의 씨가 네 머리를 상하게 하며〉라는 표현에서 우리는 사탄의 권세가 무너지고, 죄가 씻겨지며, 부활에 의해 사망이 파괴되고, 승천을 통해 묶임에서 풀려나며, 성령 강림을 통해 진리가 세상을 이기고, 나중에는 사탄과 그의 추종자들이 불 못에 던져질 것을 알 수 있습니다. 영적인 싸움과 승리가 이 짧은 문장에 모두 담겨 있습니다. 그것을 처음 들었던 자들은 무슨 말인지 완전히 이해할 수 없었겠지만, 우리는 진리의 빛을 통해 모든 것을 이해할 수 있습니다. 이 구절은 부싯돌의 불씨처럼 매우 작지만, 그 안에는 하나님의 무한한 사랑과 은혜의 큰 불이 감추어 있습니다. 하나님께서 은혜로 주신 이 약속으로 인해 우리는 크게 기뻐할 수 있습니다.

우리의 첫 조상이 이 구절에 담긴 내용을 이해했는지 확신할 수는 없지만, 그들이 이 약속을 통해 큰 위로를 얻었다는 것만은 분명합니다. 그들은 자기가 당장 죽지는 않을 것을 알았습니다. 왜냐면 주님은 〈씨〉에 대해서 말씀하셨고, 여자의 씨가 나오기 위해서는 하와가 살아있어야 하기 때문입니다. 또한, 그들의 씨가 사탄을 무찌르고 승리함으로써 그들이 얻을 유익에 관해서도 알았습니다. 그들은 이것을 믿고 힘든 시련 속에서도 위로를 얻었습니다. 저는 아담과 하와가 믿음으로 영원한 안식에 들어갔을 것이라고 확신합니다.

오늘 본문 말씀은 세 가지 측면에서 다루려고 합니다. 첫째, 본문에 담긴 사실을 알아보겠습니다. 둘째, 이 사실을 접한 믿는 자들의 마음속에 일어나는 일을 알아보겠습니다. 셋째, 이 말씀이 우리에게 주는 위로와 용기를 알아보겠습니다.

1. 본문에 담긴 사실

오늘 본문에는 여러분이 주의를 기울여야 할 사실이 네 가지 담겨 있습니다.

첫 번째 사실은 여자의 씨와 뱀의 씨 사이에 증오가 존재한다는 것입니다. 오늘 본문은 〈내가 너와 여자 사이 및 네 씨와 여자의 씨 사이에 증오를 둘 것이니〉라는 말씀으로 시작됩니다. 본래 여자와 뱀은 함께 친근하게 대화를 나누던 사이였습니다. 여자는 한때 뱀을 자신의 친구로 생각했으며, 교활하고 사악한 뱀이 말하는 조언을 있는 그대로 받아들이고 하나님의 명령을 흠잡으며 하나님께도 부정적인 면이 있다고 믿기까지 했습니다. 그런데 하나님께서 그녀의 죄를 지적하실 때 뱀과 여자의 관계는 이미 끝이 났으며 여자는 〈뱀이 저를 속여서 제가 먹었습니다〉라며 뱀을 고소했습니다. 죄인들의 친교는 오래 가지 못합니다. 그들은 이미 서로 싸우기 시작했고, 그것에 더해 여호와께서는 〈내가 너와 여자의 사이에 증오를 둘 것이다〉라고 하셨습니다. 사탄은 인간의 후손을 공모자로 여겼지만, 하나님은 이런 지옥의 연합을 깨뜨리시고 사탄의 권세를 대적해 싸울 씨를 일으키셨습니다. 이처럼 하나님께서 죄와 사탄의 압제에 대항해 싸울 왕국을 세우실 것과 택하신 씨의 마음속에 악에 대한 증오를 심으셔서 그들이 어둠의 군주를 대적해 싸우고 이기게 하실 것을 가장 먼저 선포하셨습니다. 성령님은 이런 주님의 목적과 계획대로 사람들을 이끌어 사탄과 타락한 천사들을 대적하고 정복하게 하십니다. 그래서 하와는 사탄을 증오하게 되었습니다. 그녀는 사탄을 떠올릴 때마다 그의 교활하고 악랄한 말을 듣지 말았어야 했다고 후회했을 것입니다. 마찬가지로 여자의 씨도 항상 사탄을 증오했습니다. 그런데 여기서 말하는 씨는 육신적인 씨를 말하는 것이 아닙니다. 바울은 〈육신의 자녀가 하나님의 자녀가 아니라, 오직 약속의 자녀가 씨로 여김 받는다〉(롬 9:8)라고 했습니다. 남자와 여자 사이의 육신의 씨는 의미가 없으며, 오직 영적인 씨, 곧 예수 그리스도와 그분 안에 거하는 자들만이 하나님의 씨입니다. 그들은 뱀의 세력을 철저히 미워하고 증오합니다. 할 수만 있다면 자기 영혼 속에 틈탄 사탄의 모든 사역을 파괴하고 세상에 뿌리내린 악을 전부 뽑으려 할 것입니다. 하나님께서 〈여자의 씨〉를 말씀하실 때 복수형이 아니라 단수형을 쓰셨으며, 이것은 영광스러운 그리스도를 뜻합니다. 그리스도께서 얼마나 마귀와 그의 계략을 혐오하셨는지 여러분도 잘 알 것입니다. 그리스도와 사탄 사이에는 증오가 있었습니다. 그리스도께서 세상에 오신 이유는 마귀의 일을 모두 파괴하고 그에게 묶인 자들을 구원하기 위한 것이었습니다. 그것을 위해 그리스도는 이 땅에 태어나고 성장하고 죽고 영광 속에 들어가셨으며, 앞으로 다시 오실 것입니다. 그리스도는 사람의 아들들 가운데 있는 모든 마귀의 사역을 철저히 파괴하십니다. 두 씨 사이에 증오를 두는 것이 바로 하나님께서 세우신 은혜의 계획을 시작하는 첫 단계였습니다. 그러므로 성경은 여자의 씨에 관해 〈왕께서 의를 사랑하고 악을 미워하니, 그러므로 하나님, 곧 당신의 하나님께서 기쁨의 기름을 부어 동료들보다 높아지게 하셨습니다〉(시 45:7)라고 증언합니다.

두 번째 사실은 구원자가 올 것이란 예언이며, 이것은 후에 실제로 이루어졌습니다. 하나님께서 약속하신 여자의 씨는 하나님의 뜻을 수호하며 용의 세력을 대적하는 자입니다. 이 씨는 바로 주 예수 그리스도입니다. 미가 선지자는 〈그러나 베들레헴 에브라다야, 비록 너는 유다의 수천 성읍 중에서도 작지만, 너에게서 내게로 먼 옛적, 곧 영원 전부터 계셨던 이스라엘의 통치자가 나올 것이다〉(미 5:2)라고 예언했습니다. 처녀에게 잉태되어 베들레헴에서 태어나신 예수님 외에 어떤 아기가 이 예언과 일치하겠습니까?

> 우리에게 한 아기가 태어났고, 우리에게 한 아들이 주어졌다.
>
> (사 9:6)

하늘에서 천사들이 찬송을 부르던 그 날 밤 베들레헴에서 여자의 씨가 태어나셨습니다. 그가 나타나자마자 옛 뱀인 사탄은 헤롯에게 들어가 무슨 수를 쓰든 그 아이를 죽이려 했습니다. 하지만 아버지께서 그를 보호해 어떠한 해도 입지 않게 하셨습니다. 삼십 년 뒤, 예수님께서 공생애를 시작하실 때 사탄은 그에게 정면으로 싸움을 걸었습니다. 여러분이 아시다시피 태초부터 거짓말쟁이인 사탄은 광야에서 여자의 씨를 시험했습니다. 사탄은 온갖 아첨과 악의와 속임과 거짓으로 예수님을 세 번이나 공격했지만, 적수가 없으신 주님은 조금도 상하지 않고 원수를 물리쳤습니다. 그 후 주님은 왕국을 세우시고 제자를 하나씩 불러모아 원수의 나라와 전쟁을 일으키셨습니다. 주님은 여러 곳을 돌아다니며 마귀를 쫓아내셨습니다. 악하고 더러운 영을 꾸짖어 사람에게서 나오게 하셨습니다. 주님 앞에서 사탄의 군대는 뿔뿔이 흩어져 숨을 곳을 찾아 돼지 떼에 들어갔습니다. 그리스도께서 명령하자 그들은 〈때가 이르기도 전에 우리를 괴롭게 하려고 오셨습니까?〉(마 8:29)라고 울부짖으며 그동안 괴롭게 하던 자의 몸에서 빠져나왔습니다. 주님은 또한 제자들에게도 자기 이름으로 마귀를 내쫓을 권세를 주셨으며, 그들이 마귀를 쫓아낼 때 〈사탄이 하늘에서 벼락처럼 떨어지는 것을 보았다〉라고 말씀하셨습니다. 그다음 주님은 겟세마네에서 사탄과 두 번째로 싸움을 치르셨으며 이것은 〈지금은 너희의 때이며, 어둠의 권세이다〉(눅 22:53)라고 말씀하실 정도로 힘든 시련이었습니다. 주님은 또한 〈이 세상의 군주가 온다〉(요 14:30)라고까지 말씀하셨습니다. 그것은 참으로 치열한 싸움이었습니다. 비록 사탄은 그리스도께 해를 끼칠 수는 없었지만, 그는 할 수 있는 한 위대한 대속 사역을 완수하지 못하도록 방해했습니다. 그래서 주님은 땀이 피처럼 흘러 땅에 떨어질 때까지 괴로워하며 사탄과 싸우셨습니다. 이것이 구세주께서 치르신 마지막 싸움이며, 주님은 그것을 이기시고 뱀의 머리를 부수었습니다. 그뿐 아니라 세상의 권세와 통치자들도 멸하셨습니다.

> 이제 어둠의 때가 지나고,
> 그리스도께서 권세를 취하셨으니,
> 보라, 참소하는 자가 더 이상 지배하지 못하고
> 그의 자리에서 끌어내어졌도다.

영광스러운 주님의 싸움은 그의 모든 씨로 이어집니다. 우리가 십자가에 못 박힌 그리스도를 전할 때마다 지옥의 문이 흔들립니다. 우리는 성령님의 능력을 힘입어 죄인을 그리스도께 인도하며, 죄인이 회심할 때마다 사탄의 굳건한 성은 조금씩 무너집니다. 그리고 장차 모든 곳에서 악이 정복되고 요한계시록의 말씀이 성취될 날이 올 것입니다.

> **온 세상을 미혹하던 큰 용, 옛 뱀, 곧 마귀라고도 하며 사탄이라고도 하는 자가 땅으로 쫓겨났으며, 그의 천사들도 함께 쫓겨났다. 그리고 나는 하늘에서 나는 큰 음성을 들었다. 〈이제 구원과 능력과 우리 하나님의 나라와 그리스도의 권세가 이루어졌으니, 이는 하나님 앞에서 밤낮으로 형제를 참소하던 자가 쫓겨났음이라.〉** (계 12:9~10)

이처럼 여호와 하나님께서는 오늘 본문 말씀을 통해 여자의 씨로서 예수 그리스도의 증거를 지닌 남은 자들과 함께 사탄을 대적해 싸울 용사를 약속하셨습니다. 그러나 전쟁은 여호와께 속한 것이며, 승리는 이미 신실함과 진리와 의의 재판관이신 분에게 있습니다.

세 번째 사실은 구세주의 발꿈치가 뱀에 의해 상한다는 것입니다. 이것이 무엇을 의미하는지는 잘 아실 것입니다. 주님은 이 땅에 거하는 동안 줄곧 육신의 고난을 겪으셨으며 우리의 모든 아픔과 슬픔을 짊어지셨습니다. 하지만 무엇보다 십자가에서 손과 발에 못이 박히고 온갖 수치와 사망의 고통을 겪으신 것이 가장 큰 상함이었습니다. 피와 먼지로 뒤범벅되어 십자가에 달린 여러분의 왕을 보십시오! 그곳에서 주님의 발꿈치는 크게 상하였습니다. 제자들은 주님의 몸을 세마포로 감싸고 요셉의 무덤에 누이며 슬피 울었습니다. 마귀는 헤롯, 빌라도, 가이바, 유대인, 로마인 모두를 도구로 사용해 그리스도를 상하게 했습니다. 하지만 그가 상하게 한 것은 그저 발꿈치였을 뿐입니다! 그리스도는 부활하셨으며, 그가 입은 상처는 치명적인 것이 아니었습니다. 비록 그리스도는 죽음을 겪었지만 무덤에 누워있던 시간은 그리 길지 않았으며, 그의 거룩한 몸은 조금도 부패하지 않은 채 완전하고 아름다운 모습으로 제자들 앞에 나타나셨습니다. 그리스도는 마치 고된 노동을 마치고 깊은 잠이 들었다가 상쾌한 기분으로 깨어난 것처럼 죽음에서 부활하여 무덤 밖으로 나오셨습니다. 주님은 승리를 거두셨습니다! 야곱이 비록 환도뼈가 부러졌지만 천사와 씨름해서 이긴 것처럼, 예수님은 발꿈치를 상하셨지만 온 하늘을 가득 채울 영광을 얻으셨습니다. 한때 죽임당한 어린양이었던 그는 이제 영원한 생명의 권세를 지니고 하나님의 보좌 앞에 서 계십니다. (계 5:6)

네 번째 사실은 구세주께서 뱀의 머리를 상하게 하신다는 것입니다. 이것은 뱀이 구세주의 발꿈치에 상처를 입힐 때, 구세주는 그 발로 그에게 죽음에 이를 만한 치명적인 상처를 입힌다는 뜻입니다. 그리스도는 고난을 통해 사탄을 이기셨으며, 상처 입은 발로 그의 머리를 짓밟으셨습니다.

> 아, 지옥의 아들들에 의해 주님은 죽으셨다.
> 하지만 주께서 하늘과 땅 사이에 매달리셨을 때
> 그는 지옥의 군주에게 치명상을 입히셨으며
> 지하의 권세를 이기고 승리하셨다.

비록 사탄이 죽은 것은 아니지만, 하나님께서 원하시면 언제든 그를 죽일 수 있습니다. 그는 결코 회심하지도 않고 사악한 마음을 버리지도 않을 것이지만 그리스도에 의해 머리에 치명상을 입고 목표를 상실했습니다. 사탄은 인류를 그의 노예로 삼으려 했지만 그리스도께서 멍에를 벗기고 그들을 해방하셨습니다. 하나님은 그들 중 많은 이를 구원하셨고, 장차 지상에서 뱀의 흔적을 모조리 없애고 온 세상에 하나님을 찬양하는 소리가 가득하게 하실 것입니다. 사탄은 이 세상을 자신이 하나님과 선을 대적하여 이기는 결투장이라고 생각했습니다. 하지만 그렇지 않고 세상은 오히려 하나님의 지혜와 사랑과 은혜와 권세로 가득한 대극장입니다. 심지어 천국조차도 이 땅만큼 은혜가 넘치지 않습니다. 이 땅은 구세주께서 그분의 보혈을 흘리신 곳이기 때문입니다. 또한, 사탄은 인류를 미혹하여 사망에 이르게 하였을 때 조금도 의심하지 않고 자신이 하나님의 작품을 망쳤다고 확신했습니다. 그는 모든 인간이 차가운 죽음을 맞이하여 무덤에서 그들의 몸이 부패할 것을 생각하며 기뻐했습니다. 하지만 정말로 하나님의 작품이 망쳐졌을까요? 하나님은 인간을 호기심 많은 피조물로 만드셨습니다. 그에게 복잡한 혈관과 신경과 힘줄과 근육을 주시고 코에 생기를 불어 넣으셨습니다. 그런데 사탄은 〈제가 그에게 독을 집어넣어 다시 흙으로 돌아가게 했습니다〉라고 우쭐댔습니다. 하지만 우리의 구세주께서는 죽음에서 부활하셨으며, 그분을 따르는 모든 자에게도 부활을 약속하셨습니다. 그러므로 사탄의 계획은 실패하였고, 죽음은 여자의 씨에 속한 자의 뼈 한 조각이라도 붙잡아 둘 수 없습니다. 대천사의 나팔소리에 그들은 모두 일어나 〈사망아, 너의 쐐기가 어디 있느냐? 무덤아 너의 승리가 어디 있느냐?〉라고 외칠 것입니다. 사탄은 이미 그리스도의 부활로 인해 자신의 머리가 상했다는 사실을 알고 있습니다. 하나님께서 보내신 그리스도께 영광을 돌리십시오! 그밖에 다른 많은 방식으로 마귀는 주 예수님께 완패하였고, 앞으로도 그가 불 못에 던져질 때까지 계속 패배할 것입니다.

2. 이 사실들이 우리에게 미치는 영향

이제 지금까지 알아본 사실이 우리에게 어떤 영향을 주는지 알아보겠습니다. 형제자매 여러분, 구원받은 우리는 본래 태어날 때부터 다른 사람과 마찬가지로 진노의 자식이었습니다. 우리의 부모가 아무리 경건하다고 해도 우리는 영적인 생명이 없는 상태로 태어납니다. 하나님께서 주신 약속은 혈과 육으로 태어난 자가 아니라 하나님에 의해 태어난 자를 위한 것이기 때문입니다. 육으로 난 자는 육이며, 그들은 하나님과 화목해질 수 없고 그저 사망 가운데 거할 뿐입니다. 이 세상에 태어난 자는 거듭나지 않는 한 뱀의 씨에 속한 자입니다. 우리는 오직 거듭났을 때만이 진정으로 여자의 씨에 속합니다. 하나님께서 택하시고 부르신 우리를 어떤 식으로 다루셨습니까? 하나님께서 우리에게 어떻게 구원을 베푸셨습니까?

하나님께서 가장 먼저 하신 일은 〈우리와 뱀 사이에 증오를 두신 것〉입니다. 이것이야말로 하나님께서 베푸신 첫 번째 은혜입니다. 한때 우리는 사탄과 평화로운 사이였습니다. 우리는 사탄의 유혹에 쉽게 굴복했고, 사탄이 가르치는 모든 것을 그대로 믿었습니다. 우리는 자발적으로 사탄의 노예로 살았습니다. 하지만 여러분은 어느 순간 그것이 불편하게 느껴지기 시작했습니다. 세상의 쾌락이 전혀 즐겁지 않고, 그곳에는 여러분이 먹을 만한 과실이 전혀 없다고 생각되었습니다. 그러다 갑자기 자신이 죄 가운데 살고 있다는 것을 깨닫고 절망에 빠졌습니다. 그리고 비록 죄를 미워하지만 자기 힘으로는 그것을 없앨 수 없다는 사실에 슬퍼하며 괴로워했습니다. 여러분은 〈아, 난 얼마나 비참한 자인가! 누가 나를 이 사망의 몸에서 건져줄 것인가?〉(롬 7:24)라고 부르짖으며 마음 깊숙한 곳에서는 더 이상 악의 편에 서 있지 않았습니다. 여러분은 이미 하나님께서 여자의 씨에게 약속하신 은혜의 언약에 속하였으며, 하나님께서 선포하신 생명이 여러분 안에서 작용하고 있던 것입니다. 자비로우신 하나님께서 여러분의 영혼에 신성한 생명을 넣어주셨습니다. 여러분은 그 사실을 몰랐지만 여러분 안에는 영원히 부패하지 않는 생명의 씨앗이 심겼습니다. 그래서 죄를 미워하게 되고 무거운 멍에를 짊어진 것처럼 죄 때문에 괴로워하며 결국 견딜 수 없게 됩니다. 이것을 경험하셨습니까? 여전히 여러분과 뱀 사이에 증오가 존재합니까? 실제로 여러분은 갈수록 악과 원수가 될 것입니다.

그리고 구세주께서 오셔서 여러분 안에 영광의 소망을 주셨습니다. (골 1:27) 여러분은 그리스도에 관해 듣고 그분의 진리를 이해하였습니다. 그리스도께서 여러분의 대속물이 되어 여러분의 죄와 저주를 모두 대신 지시고, 여러분을 구원하기 위해 그분의 의를 모두 전가해주신다는 사실은 굉장히 놀라운 것이었습니다. 그제야 여러분은 죄를 정복할 방법을 발견한 것입니다. 그리스도를 아는 순간 여러분은 율법과 육신으로서는 할 수 없는 것을 그리스도께서 성취하셨다는 사실을 깨달았습니다. 그리스도는 세상을 이기시기 위해 이 땅에 오셨으며, 따라서 여러분을 속박하던 죄와 사탄의 권세는 그리스도를 통해 무너뜨릴 수 있게 되었습니다.

그리고 여러분은 그리스도의 상한 발꿈치를 보며 뱀이 얼마나 그분을 증오하는지 보고 놀라지 않았습니까? 여러분은 자신의 발꿈치가 상하기 시작하는 것을 느끼지 못했습니까? 죄가 여러분을 괴롭히고, 마음이 심란하고, 사탄이 유혹하고, 불경건한 생각이 들고, 절망에 빠지고, 하나님의 존재를 의심하고, 구원의 확신이 없는 등 사탄이 여러분의 발꿈치를 깨무는 것을 느끼지 못했습니까? 사탄은 예전에 쓰던 방식을 지금도 계속 사용합니다. 사탄은 성도들을 집어삼킬 수 없으므로 끊임없이 괴롭힙니다. 세속적인 친구들이 여러분을 힘들게 하고 관계가 멀어지지 않았습니까? 여러분을 광신자 취급하지 않았습니까? 이런 박해가 바로 뱀의 씨가 여자의 씨를 발견하고 전쟁을 벌이는 현상입니다. 바울은 〈그러나 그때 육신을 따라 난 자가 성령을 따라 난 자를 박해한 것처럼 지금도 그러하다〉(갈 4:29)라고 했습니다. 그들이 볼 때 경건한 삶은 이상하고 부자연스러운 것이기에 그들은 그것을 견딜 수 없어 합니다. 그리스도와 그분의 씨를 향한 인간의 증오심은 예전이나 지금이나 동일하며 자주 잔혹한 말로 성도의 마음을 상하게 합니다. 이것이 그리스도께서 발꿈치를 상하신 것처럼 여러분의 발꿈치가 상하는 현상입니다.

하지만 여러분, 우리 안에 있는 뱀의 머리가 상했다는 사실을 잊지 마십시오. 어떻습니까? 여러분 안에 있던 죄의 권세와 지배가 무너지지 않았습니까? 하나님께서 여러분을 거듭나게 하신 이래로 죄를 짓기가 힘들어지지 않았습니까? 한때 여러분을 지배하던 죄에서 이제는 자유로워지지 않았습니까? 제가 아는 어떤 분은 항상 불경스러운 욕을 달고 살았지만 회심한 이후에는 그것을 완전히 끊었습니다. 또, 어떤 알코올 중독자는 하나님의 은혜로 완전히 술을 끊었습니다. 불결한 삶을 살았던 자들이 그리스도께서 그들을 사로잡고 있던 뱀의 머리를 치시자 즉시 정결한 삶을 살게 되었습니다. 택함 받은 자도 죄를 짓고 후회할 때도 있지만 죄의 노예가 되지는 않습니다. 그들의 마음은 죄를 싫어하며 죄를 지었을 때는 그것 때문에 힘들어합니다. 그들은 하나님의 율법이 선하다는 것을 인정하며 그것에 순종하기를 간절히 원합니다. 그들은 더 이상 죄의 노예가 아니며 그들을 지배하던 뱀의 권세는 무너졌기 때문입니다.

또한, 그들이 안고 있던 죗값도 모두 사라졌습니다. 뱀의 지배력은 용서받지 못한 죄에서 비롯됩니다. 그는 〈내가 너희를 죄 짓게 하였으며 너희를 저주에 놓이게 했다〉라고 말합니다. 하지만 우리는 〈아니다, 우리는 저주에서 해방되었으며 이제 하나님의 축복을 받았다. 성경은 「허물이 용서받고 죄가 가려진 자는 복이 있다」라고 말한다. 우리에게는 이제 죗값이 없다. 하나님께서 택하신 자를 누가 참소할 수 있겠는가? 그리스도께서 의롭게 하신 이를 누가 정죄할 수 있겠는가?〉라고 대답합니다. 이것이 바로 옛 뱀의 머리에 회복할 수 없는 치명타를 내리친 것입니다. 그리스도 안에 있을 때, 우리는 형제를 참소하는 자를 두려워할 필요가 없습니다.

그리스도는 우리의 방패이며 숨을 곳이시다!
그에게는 피난처가 있으며,
우리는 참소하는 자와 마주쳤을 때
〈그리스도께서 우릴 위해 죽으셨다〉라고 말한다.

때로는 주님께서 우리에게 유혹을 극복하는 법을 가르쳐주셔서 사탄이 우리 육신의 약점을 공격할 때 그것을 이기도록 해주시기도 합니다. 그럴 때 마귀는 욥을 여러 방식으로 시험하고도 실패했던 경험을 다시금 떠올릴 것입니다. 욥은 〈주께서 나를 죽이실지라도 나는 주님을 신뢰할 것이다〉라고 부르짖음으로 마귀를 이겼습니다. 돌풍을 일으켜 그의 집을 무너뜨려 잔치를 벌이던 가족을 몰살시킨 마귀를 나약한 인간이 물리친 것입니다. 마귀는 공중 권세를 잡은 자이지만, 그런 그를 전 재산을 잃고 종기투성이로 오물더미 위에 앉아 있던 처량한 자가 여자의 씨 중 하나로서 그의 안에 있는 생명의 힘으로 이겼습니다.

너희 하나님의 아들들이 마귀를 대적하면
그가 너희를 피해 도망칠 것이다.
그런즉 우리 주님께서 오셨을 때

주께서 홀로 그를 물리치셨다.

그뿐 아니라 장차 우리 안에 있는 죄의 존재 자체가 소멸할 것입니다. 우리가 점도 주름도 없이 깨끗하게 되어 하나님의 보좌 앞에 서는 날이 오면, 사탄의 어떠한 공격에도 상처를 입지 않을 것입니다. 하나님의 보좌 앞에 있는 자들은 아무런 허물이 없기 때문입니다. 주님은 곧 사탄을 발밑에 두고 짓밟을 것입니다. 주께서 여러분을 죄에서 완전히 자유롭게 하실 때 여러분은 주님이 하셨던 것처럼 뱀의 머리를 상하게 할 것입니다. 또, 여러분이 부활하여 주님의 형상을 닮아 영원히 부패하지 않는 몸을 입었을 때 사탄은 영원히 분통해 하며 자기 머리가 여자의 씨에 의해 상했다는 것을 알 것입니다.

우리가 다른 사람의 영혼을 구원하는 행위도 뱀의 머리를 상하게 하는 것입니다. 사탄의 먹잇감인 불쌍한 자들을 도와주어 그들을 살아계신 하나님의 자녀가 되게 하는 일은 사탄의 머리에 치명상을 입히는 것입니다. 우리가 복음을 전하여 잘못된 길로 가는 죄인을 돌이켜 그들을 어둠의 권세에서 빠져나오게 할 때 우리는 뱀의 머리를 상하게 하는 것입니다. 비록 여러분도 한때 마귀의 권세 아래 있었으며 지금도 때때로 시험에 들어 발꿈치를 상하기도 하지만, 어떠한 방식으로든 이 세상에 진리와 의를 널리 퍼뜨릴 때 여러분은 하나님의 뜻을 이루는 데 조력하며 뱀의 머리를 짓밟는 것입니다. 여러분이 사람들을 구원하고 승리하는 것은 하나님의 약속이 진실임을 증명하는 일입니다.

> 너는 사자와 독사를 밟으며, 젊은 사자와 용을 발아래 짓밟을 것이다. 주께서 말씀하셨다. 〈그가 나를 사랑하기에 내가 그를 건져내 높은 곳에 세울 것이다. 이는 그가 내 이름을 알기 때문이다.〉 (시 91:14)

3. 본문이 우리에게 주는 용기

저는 여러분이 하나님의 약속을 믿고 위로를 받았으면 합니다. 오늘 본문은 아담에게 매우 큰 위로를 주었습니다. 여호와의 말씀을 듣고 아담이 취한 행동은 매우 큰 의미가 있습니다. 그의 행동은 매우 단순하지만 그의 믿음을 확실히 보여줍니다. 공중에 날리는 지푸라기가 바람의 방향을 알려주듯이, 때로는 아주 작은 행동일지라도 한 사람의 마음속 전체를 내비치기도 합니다. 〈아담이 자기 아내의 이름을 하와라 불렀으니, 이는 그녀가 모든 산 자의 어머니이기 때문이다〉(창 3:20)라는 구절에서 볼 수 있듯이, 아담은 하나님께서 말씀하신 것을 믿고 행동했습니다. 하와는 아직 아이를 낳은 적이 없지만 아담은 하나님께서 약속하신 씨가 그녀를 통해 태어날 것을 확신했습니다. 아담은 비록 존귀하신 하나님 앞에서 두렵고 떨렸지만 옆에서 함께 떨고 있던 공범인 아내에게 모든 산 자의 어머니란 뜻의 하와라는 이름을 주었습니다. 아담은 투덜거리거나 절망에 빠지지 않고 하나님께서 주신 새 소망을 붙들었습니다. 그는 힘들게 일해야 땅이 소산을 내는 벌에도 불평하지 않았으며, 하와 역시 아이를 낳는 고통으로 인해 불평하지 않았습니다. 그들은 잠잠히 자기들에게 내려진 판결에 순응하며 잘못을 뉘우쳤다는 것을 보였습니다. 그들의 언행은 순전한 믿음으로 충만했습니다. 비록 아직 아이를 낳지도 않았고 하나님께서 약속하신 씨가 태어나려면 오랜 세월이 지나야 했지만, 하와는 여전히 모든 산 자의 어머니였으며 아담도 그녀를 그렇게 불렀습니다. 여러분도 하나님께서 주신 계시를 믿고 그것에서 더욱 큰 위로를 얻으십시오. 하나님께 약속을 받을 때마다 그것을 통해 얻을 수 있는 위로를 최대한 많이 얻으십시오. 어떤 이는 하나님의 말씀을 볼 때 최소한의 의미만 생각하곤 합니다. 그것은 인간의 저서를 볼 때는 적합한 태도입니다. 하지만 하나님의 말씀은 우리가 생각하는 것보다 훨씬 많은 것을 담고 있으므로 항상 최대한 많은 것을 얻으려고 해야 합니다.

마귀를 쓰러뜨리는 마지막 결정타는 그리스도의 의가 우리에게 덧입혀지는 것입니다. 여호와 하나님은 아담과 그의 아내에게 가죽옷을 만들어 입히셨습니다. (창 3:21) 이것에는 하나님의 깊은 사랑이 담겨 있습니다. 하나님은 아담이 그의 아내에게 하는 말을 듣고 그가 믿는 자란 것을 아셨습니다. 그리고 믿는 자가 받게 될 완전한 의의 모형으로서 그에게 가죽옷을 입혀주셨습니다. 그는 더 이상 무화과 나뭇잎으로 자신의 수치를 가리는 것이 아니라 누군가의 희생을 통해 만들어진 완전한 옷을 입게 되었습니다. 여호와께서 이 옷을 직접 아담에게 입혀주셨으며, 그래서 그는 더 이상 〈제가 벌거벗었습니다〉라고 말하지 않아도 되었습니다. 마귀는 우리의 눈을 열어 벌거벗은 모습을 보게 했지만, 그리스도는 의의 옷으로 우리를 머리부터 발끝까지 입히셔서 하나님께서 보시기에 아름다운 모습으로 만드셨습니다. 그래서 우리는 더 이상 부끄러워하지 않고 안심할 수 있습니다.

또한, 본문의 약속은 우리가 그리스도인의 삶을 추구하도록 용기를 줍니다. 저는 특별히 그리스도인 청년들이 더욱 적극적이었으면 좋겠습니다. 그리스도인으로 살면서 어려움을 겪을 때 이 약속을 붙들고 용기를 내십시오. 두려워하지 말고 변함없는 언약을 기억하며 기뻐하십시오. 여자의 씨와 뱀의 씨 사이에는 여전히 증오가 있습니다. 만일 여러분에게 그런 것이 없다면 오히려 자신이 반대편에 서 있는 것은 아닌지 걱정해야 합니다. 사람들이 여러분을 조롱하고 박해할 때 오히려 그리스도의 영광스러운 고난에 동참하는 것으로 여기며 기뻐하십시오.

오늘 본문을 통해 얻을 수 있는 용기가 한 가지 더 있습니다. 그리스도인으로서 여러분이 고난을 받는 것은 여러분 자신을 위한 것이 아니라 그리스도와 함께 동역하는 일입니다. 마귀는 여러분에게 관심이 있는 것이 아니라 여러분 안에 계신 그리스도를 공격하는 것입니다. 만일 여러분이 그리스도 안에 있지 않았다면 마귀는 결코 여러분을 괴롭히지 않았을 것입니다. 여러분이 그리스도와 상관없는 자였다면 아무런 가책 없이 죄를 짓고 세상의 동료와 친구들에게 괴롭힘당하지도 않았을 것이며 오히려 그들과 함께 즐거워했을 것입니다. 하지만 여러분이 그리스도인이기 때문에 뱀의 씨는 여러분 안에 계신 그리스도를 미워하는 것입니다. 이것은 우리가 받는 박해를 단순한 고통보다 훨씬 높은 위치에 올려놓습니다. 박해받던 시절에 한 여인이 화형에 처하게 되었습니다. 그런데 형이 집행되기 전에 그녀는 아이를 낳으며 매우 고통스러워했습니다. 사악한 적들은 그녀에게 〈그 정도로 야단법석이면 네 신앙을 위해 죽는 것은 어떻게 견디겠느냐?〉라고 조롱했습니다. 하지만 그녀는 〈이것은 여자로서 나 자신이 고통을 받는 것이지만, 그때는 내가 아니라 내 안에 계신 그리스도께서 받으실 것이다〉라고 대답했습니다. 그녀는 자신이 한 말을 증명이라도 하듯이 평온한 태도로 순교를 당하며 거룩한 승리를 거두었습니다. 그리스도께서 여러분 안에 계신다면 어떤 것도 두려워할 필요가 없습니다. 여러분은 믿음으로 세상과 육신과 마귀를 이길 것입니다.

마지막으로, 마귀는 이미 머리에 치명상을 입었다는 사실을 기억하며 그를 대적하십시오. 루터는 마귀가 자기를 시험할 때 그의 머리를 향해 잉크병을 집어 던졌다고 합니다. 이런 행동은 비록 우스워 보이지만 위대한 개혁자 루터의 일생을 잘 표현한 일화입니다. 실제로 그가 쓴 책은 그가 던진 잉크병처럼 마귀의 머리를 강타했기 때문입니다. 우리도 그렇게 해야 합니다. 모든 수단을 동원해 마귀에게 저항해야 합니다. 용기를 내어 마귀가 이빨을 드러낼 때 두려워하지 말아야 합니다. 마귀가 교만의 면류관과 교황의 모자와 신앙 없는 신학자의 학사모로 자신의 상한 머리를 감추려 해도 그것에 속지 마십시오. 우리는 그가 치명적인 상처를 입었다는 사실을 압니다. 마귀의 권세는 무너졌으며 전능하신 분께 대항하려다 패배하고 도망치는 중입니다. 아버지의 선포와 성육신한 아들의 보혈과 성령님의 권능이 약속된 여자의 씨를 보호하며 마귀를 대적합니다. 그러므로 믿음으로 굳게 서서 악을 대적하고 하나님께 영광을 돌리십시오.

영원하신 어린양의 보혈로
주님의 군대가 참소하는 자를 짓밟으며,
주님의 말씀과 능력 있는 이름으로
그들이 싸움에서 이기고 명성을 얻습니다.

하늘아, 기뻐하라.
별들아, 영광스럽게 빛나라.
성도들아, 천상의 전쟁을 노래하며
구원자의 이름을 높이 들라.

세상을 이기신 그리스도

세상에서 너희가 환난을 당할 것이나 담대하라. 내가 세상을 이겼다. (요 16:33)

이 말씀을 하실 때 주님은 제자들을 떠나 그들을 위해 죽으러 가려는 참이었습니다. 주님께서 가장 걱정하셨던 일은 제자들이 앞으로 겪을 시험 때문에 낙담하는 것이었습니다. 그래서 제자들에게 어둠의 권세와 세상 사람들이 주님을 대적하여 들고 일어날 시기에 대비해 마음의 준비를 하게 하셨습니다. 우리 주 예수님은 무한히 지혜로우며 하늘과 하늘 아래 모든 위로의 원천을 알고 계십니다. 그런 주님께서 제자들을 위로하실 때 다른 어떤 것이 아니라 바로 자신에 관한 이야기로 그들을 위로하셨습니다. 이것은 우리에게 예수님 자신과 예수님께서 하신 사역이 다른 어떤 것보다 위로가 된다는 사실을 가르쳐줍니다. 경건한 바나바뿐 아니라 위로의 맏아들이신 예수님조차 제자들의 용기를 북돋기 위해 자신이 행한 일을 언급해야 했습니다. 그러니 성도들을 위로할 때도 주님께서 받으신 고난을 통해 용기를 북돋으며 애통해하는 자에게 주님을 바라보고 위로를 얻도록 하는 것이 좋습니다. 주님은 제자들에게 용기를 내라고 하시며 〈내가〉 세상을 이겼다고 말씀하셨습니다. 그러므로 사랑하는 성도 여러분, 우울함과 세상의 염려와 힘겨운 고난이 견디기 힘들 때 주님께 나아가십시오. 세상에는 위로를 주는 다른 것도 있을지 모르지만, 그런 것이 항상 여러분의 도움이 되는 것은 아닙니다. 하지만 예수님께는 위로가 충만하며 여름이나 겨울이나 언제든 위로의 샘물이 쏟아져 나옵니다. 여러분이 높은 처지에 있든 낮은 처지에 있든, 여러분이 겪는 어려움이 무엇이든, 예수님께 나아가기만 하면 즉시 위로를 얻으며 그분의 강한 팔이 붙들어 일으켜주실 것입니다.

주 예수님께서 하신 이 말씀은 단순한 인간이 할 수 있는 말이 아닙니다. 어떤 사람들은 예수님의 신성을 부인하며 그분을 그저 훌륭한 인간으로 여깁니다. 그들은 예수님의 성품에 대해 여러 가지 칭찬의 말을 늘어놓지만, 저는 오히려 그들이 충격을 받지 않는다는 사실이 이상합니다. 만일 예수님이 그저 한 명의 인간이었다면 그분의 말투나 행동은 너무도 주제넘고 건방지며 교만하고 자기중심적이기 때문입니다. 다른 이들에게 〈담대하라. 내가 세상을 이겼다〉라고 말하는 인간을 여러분은 본받고 싶습니까? 이런 말은 평범한 인간이 내뱉기에는 너무 지나칩니다. 주 예수 그리스도는 제자들에게 자신에 대해 말할 때 비천한 인간으로서는 할 수 없는 표현을 자주 사용하셨습니다. 주님은 실제로 마음이 온유하고 겸손한 분이었지만, 스스로 자신 있게 그렇다고 말할 수 있는 인간은 어디에도 없습니다. 이런 것은 자신이 하나님의 아들이라고 확신하는 자만이 할 수 있는 말입니다. 예수님의 신성과 신분을 온전히 이해할 때, 우리는 그제야 그분이 하신 말씀을 제대로 이해할 수 있습니다. 예수님의 신성을 부인하면 그분의 말씀은 제대로 이해되지 않을뿐더러 그저 과장된 허풍 정도로 여겨질 것입니다. 예수님은 사람의 아들이면서 동시에 하나님의 아들이십니다. 주님은 우리에게 형제로서 친근하게 말씀하실 뿐 아니라 하나님의 독생자로서 권위 있게 말씀하시기도 합니다. 주님은 하나님으로서 〈내가 세상을 이겼다〉라고 말씀하신 것입니다.

믿음의 눈이 없다면 이런 예수님의 주장이 비정상적으로 보이지 않겠습니까? 제자에게 배신 당한 나사렛 사람이 어떻게 〈내가 세상을 이겼다〉라고 말할 수 있겠습니까? 전 유럽을 자기 발밑에 두었던 나폴레옹이었다면 이런 말을 할 수도 있을 것입니다. 페르시아를 멸망시키고 포로로 삼은 알렉산더가 저런 말을 했다면 이해할 수 있을 것입니다. 하지만 이 말을 한 사람이 누구였습니까? 허름한 옷을 입은 가난한 갈릴리인이 아니었습니까? 그는 부자도 아니었고 사회적인 지위도 낮았지만, 그럼에도 자기가 세상을 이겼다고 말합니다. 그는 얼마 지나지 않아 제자에게 배신당해 적의 손에 넘어가 재판을 받고 사형에 처해질 예정인데 그럼에도 자기가 세상을 이겼다고 말합니다. 그는 자신이 십자가에 달려 수치스런 죽음을 당할 것을 모두 알고 있었지만 그럼에도 자기가 세상을 이겼다고 말합니다. 그는 머리 둘 곳도 없었고 자기를 지지하는 제자들도 뿔뿔이 흩어졌으며, 신성모독과 선동죄로 고소당해 재판관 앞에 섰으며, 잔인한 병사들의 손에 넘겨져 모욕과 침 뱉음을 당하였고, 손과 발이 못에 박혀 십자가에 달려 흉악범과 같이 처형되었지만, 그럼에도 그는 자기가 세상을 이겼다고 말합니다. 이것이 얼마나 놀라운 사실입니까! 그는 육신의 방식이나 사람의 눈에 보이는 대로 말한 것이 아닙니다. 우리는 믿음의 눈을 통해 감추어진 것을 보아야 합니다. 그러면 비천한 사람의 아들로서가 아니라 그 안에 있는, 수치를 명예로 죽음을 영광으로 바꾸는 고귀한 영혼을 발견할 것입니다. 성령 하나님께서 우리로 하여금 겉 표면이 아니라 실체를 볼 수 있게 하여주셔서 세상 사람들의 눈에는 수치스러운 죽음이 실상은 값진 승리였다는 사실을 깨닫게 하여주시길 바랍니다.

앞서 주 예수 그리스도께서 율법의 마침이시며 옛 뱀을 이기신 분이란 사실을 알아보았습니다. 이 장에서는 세상을 이기신 그리스도에 관해 살펴볼 것입니다. 주님은 제자들에게 〈용기를 내라. 내가 세상을 이겼다〉라고 말씀하셨습니다. 그런데 여기서 주님이 말씀하신 〈세상〉이란 무엇일까요? 그것을 어떻게 이기셨을까요? 그리고 우리는 어떻게 담대해야 할까요?

1. 예수님이 이기신 세상이란 무엇인가?

〈세상〉이란 단어는 참으로 많은 의미를 담고 있습니다. 성경을 살펴보면 〈세상〉이란 단어가 매우 광범위한 뜻으로 사용된 것을 알 수 있습니다. 우선 〈그가 세상에 계셨고, 세상은 그로 말미암아 창조되었다〉(요 1:10)라는 구절에서 세상이란 단어는 그리스도께서 만드신 물리적인 세상을 의미합니다. 또한, 하나님께서 너무도 사랑하여 독생자를 주셔서 그를 믿는 자마다 멸망치 않게 하려고 하신 〈세상〉도 있습니다. 이처럼 세상은 좋은 의미로 사용된 경우도 많습니다. 하지만 오늘 본문에서 말하는 세상은 〈악한 자에게 속한〉 세상을 말합니다. 그것은 그리스도를 알지 못하며 항상 그리스도를 대적합니다. 주님은 그것을 위해 기도하지도 않고 사랑하지도 않으시며, 다만 〈세상과 세상에 속한 것을 사랑하지 마라〉(요일 2:15)라고 하십니다. 이처럼 〈세상〉의 다양한 의미를 염두에 두지 않으면 본문에 사용된 의미를 정확히 파악할 수 없습니다. 성경은 일반인을 대상으로 기록되었기 때문에 구체적으로 정의된 용어를 사용한 것이 아니라 일상생활에서 자주 쓰이는 형태로 표현된 경우가 많습니다. 본문 구절에서 〈세상〉은 앞서 살펴본 〈뱀의 씨〉와 거의 같은 뜻으로 사용되었습니다. 여기서 세상은 과거에 뱀 안에 있었고 지금은 불순종의 자녀들 안에서 활동하는 악한 영이 가시적으로 실체화된 것을 의미합니다. 그것은 주님께서 마귀를 이기실 때 싸우셨던 악의 세력이 인간적인 형태로 나타난 것입니다. 또한, 그것은 거듭나지 않은 많은 인류의 마음에 거하는 악의 권세를 뜻합니다. 이것은 세상의 일부로써 악한 자에게 속한 죄의 권세입니다. 마귀는 이 세상의 신이며, 세상의 군주입니다. 그래서 세상과 친구 된 자는 하나님과 원수가 되는 것입니다. 세상은 교회를 대적합니다. 그리스도는 교회를 택하시고 대속하셨으며 그들을 세상과 구별하여 사람들 사이에서 나와 그리스도께 속하게 하셨습니다. 그리고 그들은 하나님의 은혜로 새롭게 되었습니다. 주님은 〈제가 세상에 속하지 않은 것처럼, 그들도 세상에 속하지 않습니다〉(요 17:16)라고 하셨으며, 또한 〈너희는 세상에 속하지 않으며, 내가 너희를 택하여 세상에서 나오게 했다. 그러므로 세상은 너희를 미워한다〉(요 15:19)라고 하셨습니다. 택함과 대속과 부르심과 구원을 받은 자들을 제외한 나머지 모든 인간을 가리켜 세상이라 부릅니다. 주님은 이들에 대해 〈오 의로우신 아버지, 세상은 아버지를 알지 못합니다〉(요 17:25)라고 하셨으며, 요한은 〈세상은 주님을 알지 못하며, 따라서 우리도 알지 못한다〉(요일 3:1)라고 했습니다. 세상은 그리스도와 그분의 택한 자들에게 강한 증오를 내비치는 세력입니다. 그러므로 그것은 〈현재의 이 악한 세상〉이라 불리며, 반면에 은혜의 나라는 〈앞으로 임할 세상〉이라 불립니다. 〈하나님에게서 난 자가 세상을 이겼다〉(요일 5:4)라는 구절에서도 세상은 악한 세력을 나타내는 뜻으로 사용되었습니다.

여기서 〈세상〉이란 말은 악한 세력뿐 아니라 불경건한 자들을 모두 포함한 단어입니다. 그들은 단순히 죄를 지은 사람에 불과한 것이 아니라 거듭나지 않고 세속적이며 반항적이고 악한 세력에 사로잡혀 하나님을 대적하는 일에 앞장서는 역할을 합니다. 따라서 성경은 〈불경건한 자의 세상〉이라고 표현합니다. 이처럼 회심하지 않고 죄로 가득한 자들에 의해 관습, 유행, 격언, 규범, 양식, 예절, 영향 등이 만들어졌으며 그것에 더해 원리, 욕망, 정욕, 통치, 권세 등을 모두 포함한 것이 바로 〈세상〉이라 불리는 실체입니다. 예수님은 〈내 나라는 이 세상에 속한 것이 아니다〉라고 하셨습니다. 야고보는 우리에게 〈세상으로부터 자신을 지켜 흠 없는 자가 되어라〉라고 권면합니다. 바울은 〈이 세상을 본받지 말고 새롭게 변화되어라〉라고 합니다.

그뿐만 아니라, 〈세상〉이란 말에는 사람들이 만든 모든 법률과 협의도 포함됩니다. 그것들은 하나님께서 본래 계획하신 것에 따르지 않고 인간의 타락한 이성에 의해 만들어졌기 때문입니다. 〈이 세상에서 너희가 환난을 당할 것이다〉라는 말씀처럼 이 세상에는 수많은 시험과 고난이 있습니다. 너무도 많은 하나님의 자녀가 굶주림과 질병과 고통과 비난과 여러 형태의 악으로 인해 고난을 겪습니다. 이런 것은 〈장차 임할 세상〉에 속한 것이 아니며 〈그리스도께서 세우신 나라〉에 속한 것도 아니고, 죄와 저주 아래 타락한 현재의 이 악한 세상에 속한 것입니다.

이처럼 세상은 넓은 의미를 지니고 있습니다. 우리가 접하는 세상이란 단지 가족과 주변에 한정된 것이 아니라 한 나라에 널리 퍼져 있는 풍조를 모두 포함한 것입니다. 어떤 사람은 사업을 하면서 불경건한 자들과 어울려야 하기도 합니다. 그것이 싫다면 세상을 등지고 떠나야 하는데, 〈제가 기도하는 것은 아버지께서 그들을 세상에서 떠나게 하기 위함이 아닙니다〉(요 17:15)라는 구절에서 볼 수 있듯이 그런 일은 주님께서 원하시는 일이 아닙니다. 어떤 사람은 하나님의 종으로서 모든 시대와 나라의 인류가 하나님을 대적하여 저지르는 악한 행동과 생각을 지켜봐야 하기도 합니다. 그런 자에게는 이 모든 것이 본문 구절에서 언급된 〈세상〉이 됩니다.

그리스도는 우리가 이런 세상에 살면서 환난을 겪을 것이라 하셨습니다. 환난은 일시적인 시련일 수도 있으며 친구를 통한 유혹이나 박해가 될 수도 있습니다. 형태가 어찌 되었든 우리는 세상에서 환난을 겪을 것입니다. 주님은 〈세상에서 너희가 환난을 당할 것이다〉라고 하셨습니다. 우리는 현재 적국에 체류하는 중입니다. 우리가 체류 중인 곳의 거주민은 우리에게 우호적이지 않으며 천국을 향한 우리의 순례길에 도움을 주지도 않습니다. 물론 세상에 있는 모든 경건한 자들은 우리의 동료입니다. 그들도 우리와 마찬가지로 세상에 있지만 세상에 속한 자는 아닙니다. 사탄이 지배하는 이 세상의 왕국에서 우리는 극심한 반대에 부딪힐 수밖에 없습니다. 하지만 우리는 그것에 맞서 싸워야 하며 우리는 영원한 안식에 들어갈 때 이 싸움에서 승리할 것입니다.

2. 그리스도는 어떻게 세상을 이겼나?

예수님은 첫째로 삶을 통해 세상을 이기셨고, 둘째로 죽음을 통해 이기셨으며, 셋째로 부활과 통치로 이기셨습니다.

그리스도는 삶을 통해 세상을 이기셨습니다. 이것은 매우 경이로운 주제입니다. 사역을 시작하시기 전, 30년 동안 세상의 변방에서 목수로 일하던 시절은 주님께서 단순히 세상과 싸움에서 이기기 위해 준비하는 과정에 불과한 것이 아니었습니다.

주님은 그때부터 실제로 세상을 이기기 시작하셨습니다. 주님께서 자신의 때가 이르기를 기다리던 시간 속에서 우리는 승리의 여명을 볼 수 있습니다. 우리는 선을 행하기 위해 하나님의 때를 기다리지 않고 성급하게 나서려고 할 때가 많습니다. 제자들이 저지른 잘못 중에 많은 부분이 과도한 열정 때문이었습니다. 이것은 나태함이나 우둔함 때문에 저지르는 잘못과 다를 바 없습니다. 로마 병사들도 지휘관이 부재할 때 어떠한 공격도 하지 말라는 명령이 있었는데도 불구하고 진격해서 적을 무찌른 자는 형벌에 처했습니다. 비록 그의 행위는 용맹스러웠을지 몰라도 군대의 규율에 어긋나는 것이며 전반적인 전략에 차질을 발생시킬 수도 있기 때문입니다. 우리도 때로는 이와 같은 일을 저지르곤 합니다. 우리는 완전히 준비되기도 전에 성급히 적진으로 돌격하곤 합니다. 그리스도께서도 이 세상에 오셨을 때 마찬가지 유혹을 받으셨습니다. 오류와 위선으로 가득한 이 세상에서 주님은 하루라도 빨리 잘못을 바로잡고 병든 자를 고쳐주길 원하셨습니다. 고통받는 자로 가득한 이 땅에서 주님은 많은 영혼을 구원하길 간절히 원하셨습니다. 오류를 바로잡고 거짓을 타파하길 원하셨습니다. 하지만 그분의 때는 아직 이르지 않았습니다. 아버지께서 허락하시기 전까지 주님은 묵묵히 기다리셨습니다. 성전에서 주님은 〈제가 아버지 집에 있어야 하는 것을 알지 못하셨습니까?〉(눅 2:49)라고 말씀하실 정도로 사역에 대한 열정이 넘치셨습니다. 이처럼 주님의 열정은 불타올랐지만 설교하거나 치유하거나 논쟁하지 않고 잠잠히 30년 동안 하나님께서 정하신 때를 기다리셨습니다. 주님께서 우리에게 잠잠히 있으라 하면 우리는 주님의 뜻대로 최선을 다해 잠잠해야 합니다. 주변의 상황이 어떠하든 하나님의 뜻에 따라 잠잠하고 고요하게 있는 것 역시 하나님께 순종함으로써 세상을 이기는 방법입니다.

주님께서 공생애를 시작하신 후에는 많은 방식으로 세상을 이기셨습니다. 첫째, 주님은 진리를 신실하게 증거함으로써 세상을 이기셨습니다. 주님은 단 한 마디도 사람들의 기분을 맞추기 위해 수정하신 적이 없습니다. 사역을 시작하고 처음 하신 설교부터 마지막으로 남기신 말씀까지 오직 진리만을 말씀하셨습니다. 그가 가르친 진리는 조금도 오류가 섞이지 않은 순수한 진리였습니다. 주님은 예수회Jesuit가 하는 방식처럼 자신의 교리를 교묘하게 포장해 그것에 담긴 오류를 감추려 하지 않고 그저 단순하게 진리를 선포하며 당대에 유행하던 가르침을 정면으로 반박하셨습니다. 주님은 진리를 수호하려 했던 것이 아니라 오히려 진리로 하여금 직접 적과 싸우게 하셨습니다. 진리는 결코 파괴되지 않는 생명력을 지니며 창과 방패로 진리를 대적하는 자를 무찌릅니다. 주님은 진리가 결국 승리할 것을 알고 계셨기에 당대의 여론과 편견에 위축되지 않고 항상 당당하게 선포하셨습니다. 주님의 종들은 누구도 그렇게 하지 못했습니다. 아무리 위대한 루터나 칼빈 같은 종교개혁자라도 로마 가톨릭의 잔재에서 완전히 벗어나지는 못했습니다. 그들은 당대에 가장 빛나는 자들이었지만 완전무결하지는 않았습니다. 어떤 사람이든 조금씩은 자기가 살고 있는 시대의 영향을 받기 마련입니다. 그래서 역사를 읽을 때 우리는 현시대의 기준에 맞추어 과거 인물을 평가하지 않고 어느 정도 시대적인 영향을 고려합니다. 하지만 예수 그리스도의 가르침은 현대의 기준뿐 아니라 어떤 시대에서도 항상 불순물이 전혀 없는 순수한 진리를 담고 있습니다. 주님의 가르침은 시대를 초월하여 영원토록 찬란하게 빛납니다. 주님의 가르침은 유대인이나 랍비의 전통이나 그리스 철학이나 다른 세속적인 영향력을 전혀 받지 않았습니다. 주님의 가르침은 세상에 있지만 세상에 속한 것은 아니었으며 세상에 물들지도 않았습니다. 그것은 주님께서 아버지께 받은 그대로의 진리였으며, 세상은 그것에 조금도 더하거나 빼거나 변경할 수 없었습니다. 이런 의미에서 주님은 세상을 이기셨습니다.

또한, 주님은 사람들이 찬사를 늘어놓을 때 그것에 휘둘리지 않고 항상 평상심을 유지하셨습니다. 우리 주님은 한때 사람들에게 인기가 치솟았던 적도 있었습니다. 주님께 축복과 치유를 받기 위해 많은 이들이 주위로 몰려들었습니다. 주님께서 그들을 배불리 먹이셨을 때 찬사가 쏟아졌지만, 주님은 그들의 이기심을 꿰뚫어 보고 〈너희가 나를 따르는 것은 빵과 물고기를 먹었기 때문이다〉라고 말씀하셨습니다. 아무리 많은 무리가 따르더라도 주님은 결코 흔들리지 않았습니다. 자신을 높이는 말은 한마디도 하지 않으셨습니다. 군중이 〈호산나〉를 외칠 때도 주님의 마음은 온전히 하나님께 향해 있었습니다. 사람들의 칭송과 박수 소리를 피해 홀로 한적한 산에 올라가 기도했습니다. 주님은 하나님과 교제하며 사람들의 칭찬에는 관심이 없었습니다. 심지어 사람들이 강제로 주님을 왕으로 삼으려 할 때도 거룩하고 순결한 모습을 유지하며 그들 사이에서 빠져나갔습니다. 예루살렘에 입성하실 때도 다른 왕들처럼 화려한 행렬이 아니라 지극히 겸손한 모습으로 나귀를 타고 들어가셨습니다. 아이들이 호산나를 부를 때도 주님은 세상의 정복자나 전장에서 돌아온 전사처럼 자만한 모습을 보이지 않았습니다. 주님은 어느 때보다 온유하고 부드럽고 친절하게 행동했으며 조금도 자신을 높이려 하지 않았습니다. 그렇게 주님은 세상을 이기셨습니다. 세상이 주님께 베풀어줄 수 있는 것이 무엇이 있겠습니까? 존귀하신 주님께서 자랑할만한 것을 이 세상이 제공할 수 있겠습니까? 인간이 부는 나팔 소리가 천사들의 합창 소리보다 낫겠습니까? 인류가 제공할 수 있는 모든 영광을 더하더라도 주님께는 턱없이 부족할 것입니다. 이처럼 주님은 세상을 이기셨습니다.

세상이 주님을 시험하기 위해 다른 계획을 동원했을 때도 주님의 태도는 변함이 없었습니다. 이제 세상은 주님을 모욕하기 시작했지만 주님은 조금도 동요하지 않았습니다. 주님께서 설교를 시작하자마자 사람들은 그분을 벼랑에서 떨어뜨리려 했습니다. 우리 생각으로는 주님께서 엘리사처럼 그들을 향해 불같이 호통을 치셨을 것 같습니다. 하지만 주님은 분노의 말을 한마디도 내뱉지 않고 그저 조용히 그들 사이에서 빠져나오셨습니다. 회당에서도 많은 유대인이 주님을 향해 이를 갈았지만 주님은 자기를 향한 비난을 모두 참고 조금도 화를 내시지 않았습니다. 사람들이 아무리 힐난해도 주님은 아무 일 없었던 것처럼 행하셨습니다. 재판관 앞에 끌려갔을 때도 예수님과 바울의 태도는 차이가 났습니다. 바울은 〈회칠한 담이여, 하나님께서 너를 치실 것이다〉(행 23:3)라고 꾸짖었지만, 예수님은 어린양처럼 입을 열지 않고 잠잠히 있었습니다. 원수들이 아무리 도발해도 주님은 인내하며 조용히 있었습니다. 수많은 공격을 당해도 주님은 화난 표정조차 짓지 않으셨습니다. 그들은 주님의 완전한 사랑에 조금도 흠집을 낼 수 없었습니다. 주님은 하늘에서 불이 내려오게 하지도 않으셨고 숲에서 곰이 나와 자기를 조롱하는 자들을 먹어치우게 하지도 않으셨습니다. 주님은 세상의 찬사와 비난에 아랑곳하지 않고 온전히 하나님과 교제하며 세상을 이기셨습니다.

또한, 주님은 자신을 위해서가 아니라 다른 사람의 유익을 위해 사셨으며, 그것을 통해 세상을 이기셨습니다. 세상 사람들은 무언가를 할 때 항상 〈나에게 돌아오는 이득은 무엇인가?〉를 먼저 생각합니다. 그들은 어린 시절부터 이런 식으로 사고하도록 훈련되었습니다. 그들의 부모는 〈얘야, 너는 자기 일에 최선을 다하고 다른 사람과 경쟁하여 세상에서 훌륭한 사람이 되어야 한다〉라고 가르쳤습니다. 청년을 위한 추천 도서는 하나 같이 모든 것을 자기에게 최대한 유익이 되도록 활용하는 법을 다루고 있습니다. 그들은 늘 일등이 되기 위한 기회를 잡으려고 온 신경을 쏟습니다. 교사는 아이들에게 〈자기 일은 스스로 챙겨야 하며 다른 누구도 대신해줄 수 없다. 다른 사람을 도울 때도 자신이 손해 보지 않도록 주의해야 한다〉라고 가르칩니다. 이것이 세상의 정치와 경제 체제에 핵심이 되는 원칙입니다. 모든 사람과 모든 나라는 자기 유익을 먼저 생각합니다. 이 원칙과 반대되는 정치나 경제 체제를 주장하는 이론가는 사람들에게 무시를 당할 것입니다. 세상의 법칙은 자기중심적입니다. 세상의 상업과 정치를 살펴보면 이것을 확실히 알 수 있습니다. 하지만 주 예수 그리스도께서는 이 세상에 살면서 전혀 자기중심적이지 않았습니다. 세상은 주님으로 하여금 이기적인 행동을 하도록 유혹할 수 없었습니다. 주님께서 자신을 위해 하신 일이 무엇이 있습니까? 주님에게는 자기 머리 둘 곳조차 없었습니다. 주님은 얼마 되지 않는 재정도 모두 유다에게 맡기시고 가난한 자가 있는 곳에서는 항상 먹을 것을 나누어주셨습니다. 사복음서 어디를 살펴보아도 주님이 재산이나 물건이나 땅에 신경 쓰신 장면은 없습니다. 그런 부분에서 주님은 세상을 완전히 초월하셨습니다. 아무리 야비한 적이라도 주님을 탐욕이나 이기심으로 고소할 수는 없었습니다. 이처럼 주님은 세상을 이기셨습니다.

주님은 또한 세상의 권세를 의지하지 않음으로써 세상을 이기셨습니다. 주님은 아무리 목적이 선하다고 해도 그것을 이루기 위해 자신의 세력을 일으키지 않았습니다. 성령님과 전혀 상관없는 세상 사람들은 자기 마음에 품은 원대한 뜻을 성취하기 위해 자신의 세력을 일으키기도 합니다. 하지만 그들은 자기의 뜻을 이루기 위해 무력, 뇌물, 정책 등 수단과 방법을 가리지 않습니다. 마호메트는 유일신 사상을 전파하기 위한 수단으로 칼을 사용했습니다. 그는 〈다른 거짓 신을 섬기는 자는 모두 목을 베라〉라고 명령했습니다. 여러분은 우리 주 예수 그리스도께서 그런 명령을 내리시는 모습을 상상할 수 있겠습니까? 주님은 세상을 이기려고 이런 식의 수단을 전혀 사용하지 않으셨습니다. 주님은 군대를 일으켜 로마 제국을 멸망시키고 유대인을 개종시키며 모든 악을 짓밟고 우상을 파괴하며 전 세계를 그분의 발 앞에 꿇게 할 수도 있었습니다. 하지만 그렇게 하시지 않고 오히려 베드로가 검을 뽑았을 때 〈검을 집어넣어라. 검으로 흥한 자는 검으로 망한다. 내 왕국은 이 세상에 속한 것이 아니다. 그랬다면 내 종들이 싸웠을 것이다〉라고 하셨습니다.

주님은 원하기만 하면 모든 교회를 하나로 연합해 국가를 만든 다음 그것에 반하는 자들을 처벌하는 법을 만들 수도 있었습니다. 그래서 모든 사람을 주님의 교회에 굴복하게 하실 수도 있었습니다. 하지만 복음서나 사도행전에는 그런 방식을 사용한 내용이 없습니다. 그런 일은 하나님의 그리스도를 잊어버린 자들이 시도하는 것입니다. 주님은 오직 사랑과 진리와 성령을 통해서 사역하셨으며 검이나 세력을 이용하지 않았습니다. 이처럼 세속적인 수단을 거부하심으로써 주님은 세상을 이기셨습니다.

주님은 세상의 지도층을 두려워하지 않음으로써 세상을 이기셨습니다. 많은 사람이 대중의 비난은 대수롭지 않게 여길지라도 소수의 지식인에게 비판받는 것은 두려워하곤 합니다. 하지만 그리스도는 바리새인과 사두개인과 헤롯 앞에서도 당당했습니다. 주님은 진리를 단순하게 증거함으로써 세상의 지혜와 지식을 이기셨습니다.

주님은 변치 않는 사랑을 통해 세상을 이기셨습니다. 주님은 그분을 미워하고 멸시하던 가장 사랑스럽지 않은 자들을 사랑하셨습니다. 저와 여러분은 부당한 대우를 받으면 금세 태도를 바꿔버립니다. 그래서 늘 세상에게 패배합니다. 하지만 주님의 사랑은 변함이 없었고 우리를 구원하기 위해 죽기까지 사랑하셨습니다. 주님은 〈아버지, 저들을 용서해주소서. 저들은 자기가 무슨 짓을 하는지 모릅니다〉라고 기도하셨습니다. 이처럼 주님은 처음과 마찬가지로 마지막까지 우리를 사랑하셨습니다. 사람들은 처음에는 관대한 마음을 품더라도 결국에는 차갑게 식어버리곤 합니다. 네로 황제는 처음으로 범죄자를 사형시켰을 때 눈물을 흘렸지만 나중에는 피에 굶주린 폭군이 되었습니다. 향기로운 꽃도 시간이 지나면 시들어 독초로 변하곤 합니다. 하지만 구세주의 사랑은 항상 변함없이 향기롭습니다. 이렇듯 주님은 변치 않는 사랑을 통해 세상을 이기셨습니다.

주님은 죽음을 통해 세상을 이기셨습니다 이것은 놀라운 자기희생입니다. 하나님의 독생자는 세상의 영혼이라 할 수 있는 이기심에 치명타를 입히셨습니다. 또한, 주님은 죽음을 통해 타락한 인간을 세상의 지배에서 구원하셨습니다. 주님은 그들을 값을 치르고 사셨으며 자기애의 속박에서 벗어나게 하시고 욕망의 족쇄에서 풀어주셨습니다. 주님은 대속을 통해 인간과 하나님 사이를 화목하게 하심으로 인간을 세상의 자발적 노예로 만들던 죄의 절망에서 빠져나오게 하셨습니다. 이제 그들은 용서받았고 의롭다 여겨졌고 하나님의 친구가 되었습니다. 그리고 하나님의 친구가 되었기 때문에 하나님의 원수를 적으로 삼게 되었고 세상에서 구별되었습니다. 이렇듯 주님은 죽음을 통해 세상을 이기셨습니다.

주님은 부활과 통치하심으로 세상을 이기셨습니다. 주님은 부활을 통해 뱀의 머리를 상하게 하셨습니다. 그 뱀은 세상을 지배하는 군주입니다. 그리스도는 세상의 군주를 이기고 그를 결박하셨으며, 따라서 이제는 이 세상 모든 것이 주님의 주권 아래 있습니다. 하나님은 모든 것을 그리스도의 발아래 두셨습니다. 세상의 왕들과 수많은 무리가 주님의 섭리에 따라 움직입니다. 요셉이 이스라엘 백성에게 유익이 되도록 애굽을 다스렸듯이, 예수님도 그분의 백성에게 유익이 되도록 온 세상을 다스리십니다. 주님의 허락이 없이는 세상은 그분의 백성을 심하게 박해할 수 없습니다. 예수 그리스도의 허락이 없이는 어느 누구도 순교 당하거나 감옥에 갇힐 수 없습니다. 이는 정권이 그분의 어깨에 놓여 있으며 주의 나라가 온 세상을 통치하기 때문입니다. 형제 여러분, 그리스도께서 온 세상을 지배하신다는 사실은 우리에게 큰 기쁨을 줍니다.

주님은 성령님의 은사로 세상을 이기셨습니다. 예수님은 사랑과 의의 나라를 세우셔서 세상에 맞서게 하셨으며, 이미 성령님에 의해 이 세상은 주님의 나라로 가득 채워졌습니다. 저는 기독교의 영향력이 미치지 못한 아프리카 한가운데 오지조차도 그곳이 어둠에 휩싸인 곳이라 생각하지 않습니다. 주님은 사탄의 머리를 상하게 하여 더 이상 주님의 권세를 대적하지 못하게 하셨습니다. 영적인 영역에서만이 아니라 세속적이고 도덕적인 부분에서도 십자가는 최전방에서 싸우고 있습니다. 폭풍우 속에서 빛나는 등대의 불빛처럼 시간이 흐를수록 예수님의 이름은 이 세상에서 더욱 빛을 내뿜습니다. 〈내가 땅에서 들리면, 모든 사람을 내게로 이끌 것이다〉(요 12:32)라고 하신 주님의 말씀은 날마다 성취되고 있습니다. 이렇듯 주님은 세상을 이기셨습니다.

3. 무엇이 우리를 담대하게 하는가?

예수 그리스도께서 인간의 모습으로 계실 때 세상을 이기셨다면 그분 안에 거하는 우리 또한 세상을 이길 수 있습니다. 그리스도는 그분의 생명과 성령님을 우리에게 주셨습니다. 그렇기에 우리는 세상을 능히 이기고도 남습니다. 주님은 가장 약한 모습으로 계실 때도 세상의 공격을 물리치셨습니다. 주님은 우리보다 더욱 아픔과 슬픔을 겪으시고 누구보다 심하게 멸시와 핍박을 받았으며 십자가 위에서는 하나님의 위로조차 받지 못하셨습니다. 하지만 그런 불리한 상황에서도 그리스도는 세상을 이기셨습니다. 그러므로 우리 또한 주님의 능력을 의지해 반드시 세상을 이길 수 있습니다.

주님은 아무도 이기지 못했던 세상을 이기셨습니다. 세상은 한 번도 싸움에서 져본 적이 없는 젊은 사자와 같았습니다. 그것은 포효하며 전력으로 주님께 달려들었지만, 주님은 삼손이 젊은 사자를 손으로 찢은 것처럼 세상을 이기셨습니다. 그리고 이제 세상은 늙어서 쇠약해진 사자와 같습니다. 그러니 주님의 생명과 능력을 힘입어 우리도 세상을 이길 수 있게 되었습니다. 주님의 승리가 우리에게 얼마나 큰 용기를 줍니까! 주님은 우리에게 〈내가 세상을 이겼으며, 너희 안에 내가 거하고 너희가 나의 영으로 옷 입었으니 너희도 세상을 이길 것이다〉라고 말씀하십니다.

주님은 우리의 머리이자 대표로서 세상을 이기셨음을 잊지 마십시오. 머리는 이겨도 지체가 이기지 못하면 완전한 승리를 쟁취할 수 없습니다. 그런데 주님은 이미 완전한 승리를 선포하셨습니다. 지체가 승리할 가능성이 없다면 머리가 완전한 승리를 선포할 수 있었겠습니까? 따라서 예수 그리스도는 우리의 머리이자 대표로서 세상을 이기셨으며, 우리는 그분의 영적인 씨로서 주님께서 세상을 이기셨을 때 함께 승리하였습니다. 주님은 우리의 아담이 되시며, 주께서 행하신 일은 우리를 위한 것일 뿐 아니라 우리도 함께 그것을 행한 것입니다. 그러므로 담대하십시오. 여러분은 반드시 세상을 이깁니다. 머리께서 완수하신 일은 지체인 여러분도 할 수 있습니다. 머리가 있는 곳에는 지체도 함께 있을 것이며, 그곳에서 여러분은 면류관을 받을 것입니다.

여러분은 세상에 지고 있지는 않습니까? 자신의 정욕에 끌려다니진 않습니까? 지기를 위해 부를 축적하지는 않습니까? 자신의 명성과 명예를 높이기 위해 살지는 않습니까? 사람들의 질타를 두려워합니까? 여론의 노예처럼 살지는 않습니까? 아무 생각 없이 관습에 따라 행동하지는 않습니까? 유행의 노예는 아닙니까? 그렇다면 여러분은 승리하지 못합니다. 여러분이 진정한 그리스도인이라면 이렇게 고백할 것입니다.

주님, 저는 주님의 종입니다. 주님께서 저의 속박을 풀어주셨

습니다. 그러므로 이제 저는 세상의 지배를 받지 않습니다. 비록 그것이 저를 유혹하고 위협하며 조롱할지라도 저는 성령님의 능력으로 그것을 이길 수 있습니다. 그리스도의 사랑이 저를 붙잡아주시며 저는 저 자신이나 보이는 것을 위해 살지 않고 오직 그리스도와 보이지 않는 것을 위해 살기 때문입니다.

그렇다면 이것은 누구의 덕택입니까? 이것은 세상을 이기신 그리스도께서 여러분 마음에 영광의 소망을 주신 덕분입니다. 그리하여 우리는 우리 안에 거하시는 그리스도를 힘입어 세상을 이길 수 있습니다. 이제 세상으로 돌아갔을 때 그것의 환난을 두려워하지 마시기 바랍니다. 세상의 시험은 여러분을 상하게 할 수 없습니다. 곡식을 타작하여 알곡을 얻듯이, 우리는 환난을 통해 유익을 얻습니다. 세상은 우리를 이길 수 없습니다. 그러니 세상과 맞서 싸우십시오. 하나님의 생명을 지닌 영혼은 세상이 굴복시킬 수 없습니다. 세상과 지옥은 주 예수 그리스도의 가족 중에 가장 작은 아이조차 이길 수 없습니다. 여러분은 구원의 갑옷과 대속의 방패로 보호되며 하나님의 아들이신 그리스도께서 여러분의 대장이십니다. 두려워하지 말고 전쟁의 함성을 지르십시오. 여러분을 대적하는 자들보다 여러분을 도우시는 분께서 훨씬 강하십니다. 영화롭게 된 성도에 관해 성경은 〈그들이 어린양의 피로 승리했다. 이것이 세상에 대한 승리이니, 곧 우리의 믿음이다〉라고 했습니다. 마지막까지 굳게 버티십시오. 여러분을 사랑하시는 주님 안에서 여러분은 어떠한 정복자보다도 강합니다. 아멘.

모든 것을 새롭게 하신 그리스도

그러므로 누구든지 그리스도 안에 있는 자는 새로운 피조물이다. 옛것은 지나갔으니, 보라, 모든 것이 새롭게 되었다. (고후 5:17)

이제 우리 주 예수 그리스도께서 새로운 피조물을 지으신 분이란 것을 설명하려 합니다. 부디 이것을 통해 주님께 영광 돌릴 수 있도록 성령님께서 함께하여 주시길 기도합니다. 모든 것을 새롭게 창조하시는 것은 그리스도께서 이루신 가장 큰 업적 중 하나입니다. 우리는 이 사실을 아는 것에 그치지 않고 그것에 참여하는 자가 되어야 합니다.

솔로몬은 전도서에서 〈이미 있던 것이 다시 있을 것이며, 이미 했던 일을 다시 할 것이니, 해 아래 새것이 없다〉(전 1:9)라고 했습니다. 분명 솔로몬의 말은 맞습니다. 하지만 그는 이 세상에 관해 말한 것이며, 이제부터 다룰 다가올 세상에 관해 이야기한 것이 아니었습니다. 장차 임할 주 예수 그리스도의 나라에서는 모든 것이 새롭게 됩니다. 거듭나지 않은 자에게는 아무리 지혜롭다고 해도 새로운 것이 전혀 없습니다. 하지만 거듭난 자는 아무리 작은 자라도 모든 것이 새롭게 됩니다.

〈새로운〉이란 말은 우리 주님에게 매우 어울리는 표현입니다. 주님은 타락한 옛 체계에 들어오셔서 선택받은 자들의 머리로서 우리를 새롭게 하시기 때문입니다. 주님은 새 언약의 중재자로서 우리와 하나님을 새로운 관계로 엮으셨습니다. 두 번째 아담으로서 주님은 우리를 저주받은 옛 행위 언약에서 해방하여 새로운 은혜의 언약 아래 있게 하시고, 주님의 공로를 통해 우리를 세워주셨습니다. 예수 그리스도의 보혈은 〈새 언약의 피〉입니다. 피는 곧 생명을 뜻하며 피 흘림이 없으면 속죄함도 없습니다. 그러므로 새롭게 되는 것은 그리스도의 보혈과 밀접한 관련이 있습니다. 주님은 성찬의 잔을 주시면서 〈이것은 많은 사람의 죄를 속죄하기 위해 내가 흘리는 새 언약의 피다〉라고 하셨습니다. 주님은 더 나은 약속 위에 세워진 더 나은 언약의 중보자이십니다. (히 8:6) 옛 언약, 옛 의식법, 옛 속박의 영, 옛 누룩은 예수님께서 전부 제거하시고 은혜가 의를 통해 영원히 통치하는 새로운 시대를 여셨습니다.

주님께서 이 세상에 오실 때 성령에 의해 처녀에게서 잉태된 것은 그동안 없었던 새로운 일이었습니다. 예레미야 선지자는 〈오 타락한 딸아, 네가 언제까지 방황하겠느냐? 여호와께서 이 땅에 새로운 일을 창조하셨으니, 곧 한 여자가 한 남자를 에워쌀 것이다〉(렘 31:22)라고 예언했습니다. 한 아이가 처녀의 몸을 통해 우리에게 태어났습니다. 그 아이는 원죄로 오염되지 않았으며 기존의 어떠한 사람과도 다른 새로운 방식으로 태어났습니다. 그는 옛 세상에 들어와 새로운 가르침을 전했으며 우리는 그것을 복음이라 부릅니다. 이 복음은 불안과 걱정이 가득한 사람의 마음을 위로해주는 고귀한 새 소식입니다. 그리스도의 가르침은 수천 년이 지난 오늘날까지도 가장 좋은 소식이며, 그것을 듣는 사람들은 옛 헬라인들이 고백한 것처럼 〈이것은 매우 새로운 가르침이다〉라고 감탄합니다. 우리 주 예수님은 복음을 가르치고 전파함으로써 새로운 나라를 세우셨습니다. 이 나라는 새로운 법, 관습, 헌장, 부를 지녔으며 이 세상에 속한 것이 아닙니다. 이 나라는 현존하는 다른 어떤 나라와 비교할 수 없을 정도로 그 백성에게 유익을 줍니다. 그 나라에는 오직 예수 그리스도 안에서 새롭게 되어 그분의 계명을 사랑하고 옛 문자에 의해서가 아니라 새 영으로 주님을 섬기는 피조물만 들어갈 수 있습니다. 그리스도께서는 우리에게 하늘나라로 들어갈 입구를 열어주셨습니다. 이제 우리는 〈주님께서 휘장, 곧 그분의 육신을 통해 우리에게 열어주신 새롭고 살아있는 길〉(히 10:20)을 따라 하나님께 나아갑니다. 그날에 우리는 주님을 다시 만나며 새로운 포도주를 마실 것입니다. 주님은 〈내가 아버지의 나라에서 너희와 이것을 새것으로 마실 때까지 포도나무에서 난 것을 결코 마시지 않을 것이다〉(마 26:29)라고 말씀하셨습니다. 실제로 주님과 관련된 것은 모두 새로우며 성경은 이것을 예언하고 있습니다. 이사야 선지자는 다음과 같이 예언했습니다.

> 너희는 이전 일을 기억하지 말며 옛것을 생각하지 마라. 보라, 내가 새 일을 행하리니, 이제 그것이 나타날 것이다. 너희가 그것을 알지 못하느냐? (사 43:18~19)

> 보라, 내가 새 하늘과 새 땅을 창조하리니, 이전 것은 기억되거

나 마음에 떠오르지 않을 것이다. 다만 너희는 내가 창조하는 것으로 인해 영원히 기뻐하고 즐거워하라. 보라, 내가 예루살렘을 기쁘게 하며 그 백성을 즐겁게 할 것이다. (사 65:17~18)

이처럼 모든 것이 새롭게 되는 것은 메시아가 통치하는 나라의 큰 특징입니다. 이런 현상은 지금도 일어나고 있지만 장차 임할 나라에서는 더욱 두드러지게 나타날 것입니다. 요한은 〈보좌에 앉으신 분께서「보라, 내가 모든 것을 새롭게 만든다」라고 말씀하셨다〉라고 예언했습니다. 주님은 옛적부터 새 하늘과 새 땅을 지으실 분으로 예언되었으며, 결국에는 모든 것을 새롭게 만드실 것입니다. 여러분은 그리스도 안에 있는 사람이 새로운 피조물이란 사실을 믿습니까? 그리스도께서 모든 것을 새롭게 하신다면, 그분과 연합된 우리도 당연히 새롭게 되지 않겠습니까? 오히려 그렇지 않은 것이 이상할 것입니다.

그러면 이제부터 오늘 본문인 〈누구든지 그리스도 안에 있는 자는 새로운 피조물이다〉라는 구절을 자세히 살펴보도록 하겠습니다.

1. 새롭게 되는 조건

우선 살펴볼 부분은 새롭게 되는 조건에 대한 설명이 매우 간결하다는 점입니다. 본문 구절은 누구든지 〈그리스도 안에 있는〉 자는 새로운 피조물이라 하였으며 다른 조건은 언급하지 않았습니다. 그리스도와 상관없는 방식은 어떤 것으로도 우리를 새롭게 할 수 없습니다. 그리스도 안에 있는 자는 누구든지 새로운 피조물이지만, 반대로 그리스도 안에 있지 않은 자는 누구든지 새로운 피조물이 아닙니다. 〈하나님의 창조에서 처음이 되시는 분〉(계 3:14)과 상관없는 방식으로는 새로운 피조물이 될 수 없습니다. 〈그가 없이는 아무것도 만들어지지 않았다〉라는 말씀에서 볼 수 있듯이 옛 피조물조차 그리스도 없이는 생겨날 수 없었습니다. 그러므로 새 피조물이 만들어지려면 당연히 그리스도 안에 있어야만 합니다. 그리스도께서는 모든 것을 새롭게 만드시지만, 그분에게 속하지 않은 옛것은 새롭게 되지 못하고 점차 쇠퇴하여 멸망합니다. 태양이 없이는 지면에 생기가 돌 수 없듯이, 예수님이 없으면 우리 영혼은 영적으로 새로워질 수 없습니다. 우리는 성령님에 의해 거듭나고 새로운 피조물이 되며 주 예수님과 연합하게 됩니다. 그리고 이 모든 것의 목적은 그리스도께 영광 돌리기 위함입니다.

> 독생자를 믿는 자에게는 영원한 생명이 있으며, 독생자를 믿지 않는 자는 생명을 보지 못하고 도리어 하나님의 진노가 그의

위에 머물러 있다. (요 3:36)

그런데 그리스도 안에 있는 자는 어떻게 새로운 피조물이 될까요? 바로 그리스도께서 그분 안에 있는 자들의 대표가 되시기 때문입니다. 만일 여러분이 하나님이라면 어떻게 사람들을 새로운 피조물로 만들겠습니까? 옛 피조물을 새 피조물로 만들기 위해서는 두 가지 과정이 필요합니다. 첫째는 옛것을 끝내는 것이며, 둘째는 그것을 새롭게 시작하는 것입니다. 쉽게 말해 죽은 다음 다시 살아나는 것입니다. 그렇다면 그리스도 안에 있는 자는 죽었다가 다시 살아난 것일까요? 물론 그렇습니다. 그리스도께서 그의 머리이자 대표로서 죽었다가 다시 살아나셨기 때문입니다. 아담이 죄를 지었을 때 그의 안에 있던 모든 씨가 함께 죄를 지은 것처럼, 그리스도께서 부활하셨을 때 그의 안에 있는 모든 씨가 함께 부활한 것입니다. 우리의 머리되신 그리스도께서 우리의 죄를 모두 지고 대표로 죄의 형벌을 받아 죽으심으로 율법을 성취하셨습니다. 그리스도는 확실히 죽으셨습니다. 로마 병사들은 그분이 이미 죽은 것을 보고 다리를 꺾지 않았고, 대신 옆구리를 창으로 찔러 물과 피가 쏟아지게 했습니다. 또한, 주님의 원수들도 그리스도께서 이미 죽으신 것을 보고 시신을 십자가에서 내릴 때 반대하지 않았습니다. 그리스도는 확실히 죽으시고 무덤에 장사 되었으며, 그때 우리도 주님 안에서 함께 죽었습니다. 성경은 〈한 사람이 모두를 위해 죽었다면 모두가 죽은 것이다〉(고후 5:14)라고 말합니다. 이처럼 주님께서 우리를 위해 죽으셨고 우리의 죄 때문에 형벌을 받으셨습니다. 그리고 예수 그리스도와 연합된 우리도 그분과 함께 죽은 것입니다. 물론 모든 사람이 예수 그리스도 안에 있는 것은 아닙니다. 하지만 하나님께서 그리스도께 주신 모든 자는 그리스도의 대속을 통해 그분 안에 있으며, 그들은 모두 그리스도와 함께 십자가에 못 박히고 죽었습니다. 또한, 그리스도께서 다시 살아나셨을 때 그들도 함께 살아났습니다. 그리스도께서는 우리를 대표해서 죽음의 사슬을 깨뜨리고 무덤에서 나오셨습니다. 성령님은 바울을 통해 이렇게 말씀하십니다.

이제 우리가 그리스도 함께 죽었다면, 또한 그리스도와 함께 살아날 것을 믿는다. 그리스도께서 죽음에서 다시 살아나셨으니 이제는 더 이상 죽지 않으시며 사망이 다시 그분을 지배하지 않을 것이다. 그리스도께서 죽으실 때는 죄에 대하여 한 번 죽으신 것이지만, 사시는 것은 하나님에 대하여 사시는 것이다. 마찬가지로 너희도 스스로를 죄에 대해서는 죽은 자이지만 하나님에 대해서는 예수 그리스도 우리 주 안에서 산 자로 여

겨라. (롬 6:8-11)

그리스도께서 우리의 대표이시기 때문에 그리스도 안에 있는 자는 그분이 부활하셨을 때 새로운 피조물이 되었습니다. 그는 그리스도와 함께 죽었기 때문에 율법은 더 이상 그를 정죄할 수 없습니다. 그리스도께서는 죽음을 통해 율법의 일점일획까지 모두 완수하셨기에 이제 율법과 상관이 없습니다. 국가의 법도 죽은 자에게는 죗값을 요구할 수 없는 것과 마찬가지입니다. 그리고 죽은 자가 다시 살아난다면 죽기 전에 지었던 죄와는 상관이 없으며 더 이상 옛 법에 얽매이지 않고 새로운 삶을 삽니다. 이것은 그리스도와 우리에게도 마찬가지이며, 따라서 그리스도와 연합하는 것이 매우 중요합니다. 우리는 믿음을 통해 그리스도와 함께 부활하였습니다. 우리는 그리스도와 함께 죽고 장사 되었으며 다시 살아났습니다. 이것이야말로 우리를 새로운 피조물로 만드는 가장 확실한 방법입니다. 하나님께서 택하신 자는 모두 예수 그리스도께서 그들을 대표하여 죽으시고 영광스럽게 부활하심을 통해 새로운 피조물이 되었습니다.

이것 외에도 새로운 피조물이 된다는 것은 또 다른 의미가 있습니다. 우리는 앞서 설명한 것처럼 법적인 의미에서 새롭게 되었을 뿐 아니라 영적으로도 새로운 피조물이 되었습니다. 우리가 예수 그리스도를 믿을 때 그분과 하나가 되며 영적으로 함께 죽고 다시 살아납니다. 우리는 믿음으로 그리스도의 죽음을 인지하며 동시에 본래는 우리 자신이 처형되어야 했다는 것을 깨닫습니다. 하나님 앞에 우리의 죄를 고백하며 우리가 죗값으로 인해 죽어야만 한다는 사실을 인정합니다. 우리 안에 있는 악한 욕망과 육신의 정욕을 없애길 원하게 됩니다. 우리가 예수님을 믿는 순간 하나님의 검이 우리 속에 있는 죄의 심장을 꿰뚫습니다. 그리고 우리가 죽음에서 부활하신 예수님을 바라볼 때 우리 안에 새 생명이 들어옵니다. 우리가 예수님을 믿을 때 하나님은 우리에게 하나님을 닮은 새로운 생명을 주십니다. 성령님은 우리 영혼에 영원히 부패하지 않고 풍성한 열매를 맺는 씨앗을 심어주십니다. 우리가 살아계신 그리스도를 믿을 때 우리는 그리스도 안에서 그분의 행실을 따라 살게 됩니다. 그리고 그리스도를 죽음에서 일으키셨던 성령님께서 우리 육신에 거하시며 우리로 하여금 새로운 삶을 살도록 인도하십니다.

여러분은 어떻습니까? 죽음과 부활을 통해 새로운 피조물이 되었습니까? 여러분이 세례를 받았다면 자신이 그리스도와 함께 죽었다가 부활했다는 사실을 고백한 것입니다.

> 우리 중에 세례를 받고 예수 그리스도께 참여한 많은 이가 세례를 통해 그분의 죽음에 참여한 것을 알지 못하느냐? 그런즉 우리는 세례를 통한 죽음에 의해 장사 되었고 그리스도께서 아버지의 영광에 의해 죽음에서 부활한 것처럼 우리도 새 생명으로 살아갈 것이다. 이는 우리가 그분의 죽음과 같은 죽음 안에서 연합되었다면, 우리는 또한 그분의 부활과 같은 부활 안에 있을 것이기 때문이다. (롬 6:3~5)

세례에서 물에 들어갔다 다시 나오는 행위는 우리 주님의 죽음과 부활을 상징하는 것이며, 동시에 우리가 주님 안에서 새로운 피조물이 되는 과정을 그린 것입니다. 그런데 여러분의 영혼은 정말로 이런 죽음과 부활을 경험했습니까? 세상과 죄에 대해서는 죽고 그리스도에 대해서는 살아났습니까? 정말로 그렇다면 여러분은 단지 말로만 옛사람이 죽고 새로운 본성을 받았다고 하는 것이 아니라 실제 삶과 행동을 통해 진정으로 새롭게 되었음을 나타낼 것입니다. 한때 여러분을 유혹하던 악은 이제 여러분이 그것에 대해 죽었기 때문에 더 이상 간계를 부릴 수 없습니다. 한때 매력적으로 보이던 세상은 이제 여러분이 그것의 거짓된 아름다움에 눈멀었기 때문에 더 이상 여러분의 관심을 끌지 못합니다. 이제는 새로운 본성에 적합한 삶을 기뻐하고 즐거워하게 됩니다. 이런 모습이 여러분의 삶에서 지속해서 드러납니다. 여러분 안에 있는 하나님의 생명이 여러분의 행실을 영원히 거룩하게 이끌 것입니다. 여러분이 그리스도를 믿는 것은 새로운 피조물이 되었다는 확실한 증거가 됩니다. 믿음은 여러분이 예전에 지녔던 자만심을 버리고 오직 주님만을 의지하게 합니다. 그리스도에 대한 사랑도 여러분이 새롭게 되었다는 증거입니다. 그것은 여러분이 예전에 사랑하던 것을 버리고 오직 예수님께만 마음을 쏟게 합니다. 또한, 여러분이 지닌 소망도 예전에는 헛된 것을 바라봤지만, 이제 성령님께서 주신 소망은 완전히 새로운 것을 바라보게 합니다.

이처럼 우리는 세 가지 측면에서 죽음과 부활을 통해 새로운 피조물이 되었는데, 첫째는 그리스도께서 우리의 머리가 되심으로 우리는 법적으로 그리스도와 함께 죽었다가 다시 살아난 것이며, 둘째는 그리스도와 연합함으로써 체험적으로 죽었다가 다시 살아난 것이고, 셋째는 실제로 죽었다 다시 살아난 사람처럼 예전의 삶을 버리고 그리스도와 함께하는 새로운 삶을 살게 된 것입니다. 우리는 이제 새로운 아담에게 속한 새로운 피조물로서 삶을 시작했으며, 새로운 언약 아래서 지금과는 전혀 다른 방식으로 살게 되었습니다. 성령님에 의해 다시 살아난 우리는 생각과 말과 행실이 새로워집니다. 하지만 이 모든 것은 그리스도 안에서 이루어집니다. 만일 여러분이 그리스도 안에 있지 않으면, 여러분은 여전히 곧 멸망하게 될 옛 세상에 속해 있는 것입니다. 〈하나님의 말씀으로 하늘이 만들어지고, 하나님의 입김으로 모든 만물이 만들어졌다〉(시 33:6)라는 말씀처럼, 여러분은 영원한 말씀이신 예수님에 의해 창조되고 그분의 영에 의해 소생해야 합니다. 그렇지 않으면 여러분은 여전히 사망 가운데 머물러 있는 것입니다. 그리스도께서 여러분의 죄 때문에 희생하셨다는 사실을 믿지 않고 여러분의 영혼이 성령님에 의해 거듭나지 않는다면, 여러분이 지금 의지하고 있는 세례나 인간적인 의식은 아무런 의미도 없습니다. 여러분은 반드시 거듭나야 합니다. 그런데 거듭나는 것은 오직 예수 그리스도 안에서만 가능합니다. 성경은 〈그분을 받아들이는 자, 곧 그 이름을 믿는 자에게는 하나님의 자녀가 되는 권세를 주셨다〉(요 1:12)라고 합니다. 또, 〈독생자를 모신 자에게는 생명이 있고, 하나님의 독생자를 모시지 않은 자에게는 생명이 없다〉(요일 5:12)라고 합니다. 그러니 여러분 모두 그리스도를 믿고 새로운 생명으로 들어가기 바랍니다.

> 새로운 피조물을 지으신 분이시여,
> 주님의 영으로 저희에게 임하옵소서.
> 저희 마음을 주님의 거처로 삼으시고,
> 저희 영혼에 은혜의 단비를 내려주소서.

2. 새로움의 본질

〈누구든지 그리스도 안에 있는 자는 새로운 피조물이다〉라는 문장을 주의 깊게 읽어보십시오. 여기서 〈새로운 피조물이다〉라는 것은 매우 놀라운 말입니다. 그리스도 안에 있는 자는 옛사람을 그대로 유지한 채 깨끗하게 되거나 향상되거나 무언가 더해지거나 고귀한 옷을 걸친 것이 아닙니다. 그런 정도가 아니라 완전히 새로운 피조물이 된 것입니다. 그렇다면 그의 옛사람은 어떻게 되었을까요? 그것이 하나님을 섬길 수 있을 정도로 개선될 수 있을까요? 그렇지 않습니다. 그것은 그리스도와 함께 십자가에 못 박혀 죽었습니다. 그것은 더 이상 고칠 수 없어서 끝내야만 했고, 결국 사형에 처해졌습니다. 성경은 〈육신의 생각은 하나님을 증오하니, 이는 그것이 하나님의 법에 복종치 아니하며 할 수도 없기 때문이다〉(롬 8:7)라고 합니다. 옛 본성은 바꿀 수 없습니다. 그것은 악한 상태에서 변하지 않으며, 따라서 하루빨리 그것을 더러운 오물처럼 버리는 편이 우리에게 유익이 됩니다. 그리스도 안에 있는 믿는 자는 새로운 피조물입니다. 옛것에 새로운 방식을 적용하거나 옛 물질을 새롭게 개선한 것이 아니라, 완전히 새로 만들어진 것입니다. 창조한다는 것은 아무것도 없는 상태에서 무언가를 만들어내는 것입니다. 새로운 생명이 우리 안에 들어오는 것도 정확히 이와 같습니다. 그것은 발전이나 성장이 아니라 창조입니다. 하나님의 능력으로 새롭게 생성되는 것입니다. 우리 안에 있는 새 사람은 아무것도 없는 상태에서 새롭게 만들어진 것입니다. 우리의 옛 본성은 하나님의 은혜를 따르지 않고 오히려 거부하기 때문입니다. 우리의 어둠 속에는 어떠한 빛도 없었으며, 우리의 영적인 죽음 속에는 어떠한 생명도 없었습니다. 거듭남은 위로부터 오는 것이며, 그들에게 주어지는 생명은 새롭게 창조된 것입니다. 새로운 본성은 교육을 통해 얻을 수 있는 것이 아니라 하나님의 은혜로 주어지는 것입니다. 사람들은 흔히 경건한 부모 밑에서 자라난 자녀들은 날 때부터 하나님의 자녀이며 일정한 교육을 받으면 자동으로 그리스도인으로 자라난다고 생각하곤 합니다. 어떤 신학자는 믿는 자의 자녀는 회심할 필요가 없다고 주장하기도 합니다. 이런 신학은 완전히 잘못되었습니다. 우리의 자녀들도 다른 사람과 마찬가지로 본질상 진노의 자식입니다. 하나님의 은혜는 새롭게 창조된 것이며 경건 훈련이나 교육으로 개발할 수 없는 것입니다. 사실 그런 식으로 얻을 수 있는 영적인 유익은 전혀 없으며, 그것을 기대하는 것은 그저 헛된 꿈에 불과합니다. 그리스도 안에 있는 새 사람은 〈현대적인 사고와 문화〉로 교육받은 옛 피조물 따위가 아닙니다. 마치 에티오피아인이 피부를 희게 할 수 없고 표범이 피부의 점을 없애지 못하는 것과 같습니다. 그러므로 그리스도 안에 있는 새 사람은 완전히 다른 피조물인 것입니다.

중요한 점은 우리의 일부가 새롭게 되는 것이 아니라 우리 자신이 완전히 새롭게 되는 것입니다. 그저 영적인 의미에서 눈과 손과 발이 새롭게 된다는 의미가 아니라 나 자체가 새로운 피조물이 되는 것입니다. 그러므로 구원은 하나님께서 하시는 일입니다. 우리는 자신뿐 아니라 어떤 것도 새롭게 창조할 수 없습니다. 우리는 파리 한 마리도 창조할 수 없습니다. 또한, 다른 사람의 마음을 새롭게 하거나 바른 영을 만들어 줄 수도 없습니다. 하물며 자기 자신을 새롭게 창조하는 일이 가능하겠습니까? 그렇게 할 수 있다고 생각하는 것은 매우 어리석은 일입니다. 무가 유를 창조할 수 있겠습니까? 어둠이 빛을 창조할 수 있겠습니까? 죄가 거룩함을 창조할 수 있겠습니까? 사망이 생명을 창조할 수 있겠습니까? 마귀가 하나님을 창조할 수 있겠습니까? 이런 질문들이 어리석은 만큼 죄인이 스스로 새로운 피조물이 될 수 있다고 생각하는 것도 매우 어리석은 일입니다. 거듭남은 초자연적인 현상입니다. 그것은 전능자만이 할 수 있는 일입니다. 창조는 오직 하나님만 할 수 있는 특권이며, 따라서 거듭남 역시 하나님께서 하시는 일입니다.

오직 여호와께서 홀로 하나님이신 것을 알라.
그는 창조하시기도 하고 파괴하시기도 한다.

누구든지 그리스도 안에 있는 자는 〈새로운〉 피조물입니다. 여기서 〈새로운〉이란 단어는 최신이란 의미가 아니라 기존과는 전혀 다른 무언가를 의미합니다. 최근에 새로 나온 책이라 해도 내용은 기존 것을 그대로 베낀 것일 수 있습니다. 하지만 본문 구절에서 언급된 내용은 전혀 그런 의미에서 새로운 것이 아닙니다. 새로운 피조물은 이전과 같은 종류의 것을 최신으로 만들었다는 의미가 아니라 기존과는 완전히 다른 피조물이 되었다는 것입니다. 그러므로 본문 구절을 정확히 말하면 〈누구든 그리스도 안에 있는 자는 전혀 다른 종류의 새로운 피조물이다〉라고 할 수 있습니다. 새로운 피조물은 옛 피조물이 지향해야 할 모범이 되기는 하지만 본질적인 면에서는 완전히 다릅니다. 옛 피조물이 물질적인 부분에 관한 것이라면, 새 피조물은 영적인 부분에 관한 것이며 우리에게서 하나님의 고결한 성품이 드러나는 것입니다. 첫 번째로 자연을 창조하실 때도 하나님은 영광스러웠지만, 두 번째로 은혜에 의해 새로운 피조물을 창조하신 하나님은 더욱 영광스럽습니다. 하나님은 첫 번째 피조물보다 두 번째 피조물을 더 소중히 여기십니다. 첫 번째 피조물에 대해서는 단순히 〈보기에 좋았다〉라고 하셨지만, 두 번째 피조물에 대해서는 〈그가 잠잠히 너를 사랑하며, 너로 인해 노래를 부르며 즐거워할 것이다〉(습 3:17)라고 하셨습니다. 이처럼 하나님께서 은혜로 창조하신 새 피조물은 주님께서 기쁨의 노래를 부르실 만큼 소중히 여기십니다.

그리스도 안에 있는 자가 새로운 피조물로 창조되는 것은 세상이 창조되었을 때와 닮은 점이 있습니다. 예전에 저는 성경의 축소판이라 할 수 있는 창세기 1장을 강해하면서 그것이 우리를 새로운 피조물로 만드는 영적인 창조 과정과 어떻게 닮았는지 설명한 적이 있습니다. 거듭나기 전 우리의 모습은 날 때부터 마치 태초의 혼돈처럼 무질서와 혼란과 어둠으로 가득했습니다. 예전에 세상을 창조했을 때처럼 우리를 새로운 피조물로 만드실 때도 성령님께서 우리 위에 운행하셨습니다. 그리고 주님의 말씀이 임하셔서 어둠과 혼돈 중에 있던 우리에게 〈빛이 있어라〉라고 말씀하셨고, 그러자 우리에게 빛이 생겼습니다. 그 후에 빛과 어둠이 분리되어 빛을 〈낮〉이라 부르고 어둠을 〈밤〉이라 부르게 된 것처럼, 우리도 빛과 어둠의 일이 무엇인지 알고 구분할 수 있게 되었습니다. 그리고 얼마 뒤에 우리 속에서는 마치 땅에 초목이 자라나는 것처럼 영적인 삶이 조금씩 피어나기 시작했습니다. 그래서 우리는 소망을 품으며 우리의 죄를 슬퍼하게 되었습니다. 머지않아 지구에 새와 물고기와 동물이 나타난 것처럼, 우리의 영적인 삶도 나날이 더욱 풍성해졌습니다. 하나님께서 세상 만물을 창조하시면서 모두 마칠 때까지 쉬지 않으신 것처럼, 우리를 새로운 피조물로 창조하는 일도 끝까지 쉬지 않고 완성하실 것입니다. 그리고 완성된 우리를 보시면서 즐거워하실 것입니다. 마지막으로 주님은 안식일을 지정하셨으며 우리로 하여금 주께서 완성하신 사역으로 인해 안식을 취하게 하셨습니다. 시간이 충분하다면 이 두 가지를 더욱 자세히 비교해보면 좋겠지만 나머지는 여러분 각자에게 맡기도록 하겠습니다.

이처럼 그리스도 안에 있는 자는 유대인이든 헬라인이든, 도덕적인 사람이든 방탕한 사람이든, 지혜로운 자든 어리석은 자든 누구든지 새로운 피조물이 됩니다. 회심하고 그리스도께 나아온 자는 아무도 예외 없이 새로운 피조물이 됩니다. 예수님을 믿은 지 3분밖에 안 된 사람이나 70년 동안 믿음 생활을 한 사람이나 똑같이 새로운 피조물입니다. 새로운 피조물은 어디까지나 새로운 피조물이며, 이 점에서는 영적으로 갓난아이나 이스라엘 족장이나 조금도 다르지 않습니다.

새로운 피조물로 창조되는 것은 모든 성도에게 똑같이 즉각적으로 일어나는 일입니다. 〈누구든지 그리스도 안에 있는 자는 새로운 피조물이다〉는 임종의 순간에 있는 자에 관한 말씀이 아닙니다. 새로운 피조물이 되는 것은 우리가 죽음을 맞이할 때 일어나는 일이 아닙니다. 우리는 그리스도 안에 거할 때 즉시 새로운 피조물이 됩니다. 성경은 〈할례나 무할례가 중요한 것이 아니라 새로운 피조물이냐가 중요하다〉(갈 6:15)라고 합니다. 그리고 우리는 자신이 새로운 피조물이 되었다는 사실을 자각합니다. 비록 때로는 의심에 사로잡히기도 하지만 우리 내면의 깊숙한 곳에서는 오직 하나님만이 일으키실 수 있는 놀라운 변화가 일어났다는 사실을 확신하기 때문입니다.

새로운 피조물이 된 자에게 일어나는 변화는 부분적인 것이 아니라 전반적인 것입니다. 다시 말해, 그리스도 안에 있는 자는 정신적인 부분만 새롭게 되는 것이 아니라 그 사람 자체가 완전히 새로운 피조물이 되는 것입니다. 〈내가 너희에게 새 마음을 주고 너희 가운데 새 영을 줄 것이다〉(겔 36:26)라는 하나님의 약속에 의해 그리스도 안에 있는 자는 새로운 마음을 지니게 되었습니다. 그에게는 새로운 귀가 생겨 이전에 듣기 싫어했던 것을 듣게 되고, 새로운 혀가 생겨 이전에는 결코 하지 않았던 기도를 하게 되고, 새로운 발이 생겨 하나님의 계명을 따라 행하기를 즐거워하게 되었습니다. 물론 이때 새롭게 되는 것은 외면이 아니라 내면에 국한됩니다. 거듭난 자의 내면은 부분적으로 새롭게 되는 것이 아니라 모든 면에서 완전히 새롭게 됩니다. 만일 거듭났는데도 불구하고 단순히 이해력이 밝아지는 데 그친다면 그것이 무슨 소용이 있겠습니까? 이해력이 밝아지는 것은 유익한 일이지만 그것만으로는 구원받을 수 없습니다. 이해력이 밝아지는 것만으로는 새로운 피조물이 되기에 충분하지 않습니다. 거듭난 사람은 머리부터 발끝까지 영적으로 새롭게 창조됩니다. 비록 아직 성숙하지 못하고 갓난아기 같은 믿음을 가진 자라도, 그는 새로이 〈하나님께서 이전에 제정하신 선한 일을 하도록 그리스도 예수 안에서 창조된 자〉(엡 2:10)입니다.

3. 새롭게 되는 범위

> 그러므로 누구든지 그리스도 안에 있는 자는 새로운 피조물이다. 옛것은 지나갔으니, 보라, 모든 것이 새롭게 되었다.

이 구절에서 미루어볼 때 새로운 피조물이 되는 것은 비단 거듭난 자만이 아니라 그가 살아갈 세상 또한 새롭게 되었음을 알 수 있습니다. 아담은 비록 타락하여 낙원에서 쫓겨났지만, 새로운 피조물이 된 이후에는 더 나은 낙원에 들어가게 되었습니다. 우리도 마찬가지입니다. 새로운 피조물로 거듭난 우리는 새롭게 된 세상을 맞이할 것입니다.

그런데 옛것이란 무엇일까요? 본문에 사용된 헬라어 단어를 살펴보면 옛것이 자연스럽게 사라졌다는 의미가 담겨있습니다. 이것은 마치 태양이 뜨면 눈이 사르르 녹는 모양과 비슷합니다. 아침에 눈을 떴을 때 온 세상이 눈으로 뒤덮여 있다고 해도 낮에 햇볕이 비추기 시작하면 불과 몇 시간 안에 눈은 모두 사라지고 맙니다. 인간이 아무리 많은 인력과 장비를 동원한다고 해도 햇볕보다 더 효과적으로 눈을 제거하지는 못할 것입니다. 이것이 바로 주님께서 우리를 새롭게 창조하실 때 벌어지는 일입니다. 주님의 사랑이 우리 영혼을 비추고 주님의 은혜가 우리를 새롭게 하기 때문에 옛것은 당연히 사라질 수밖에 없습니다. 여러분이 예전에 지녔던 관점과 생각은 어디로 갔습니까? 하나님의 백성을 얽매던 옛 올무는 어디로 갔습니까? 여러분이 즐기던 옛 쾌락은 어디로 갔습니까? 여러분이 심취했던 옛 목표는 어디로 갔습니까? 여러분이 누렸던 옛 기쁨과 소망과 신뢰와 자신감은 어디로 사라졌습니까? 거듭난 이후로 이런 옛 속박을 떨쳐내기가 어려웠습니까? 그렇지 않습니다. 성령님의 능력으로 그것들은 눈 녹듯이 사라졌습니다. 어떻게 없어졌는지도 모르게 완전히 없어졌습니다. 새로운 피조물이 된 이후로 여러분은 마치 꿈에서 깬 것처럼 예전에 느끼던 혼란함을 더 이상 느끼지 못하게 되었습니다. 이 모든 것이 우리 주 예수 그리스도로 인해 이루어진 일입니다. 은혜와 진리로 가득한 주님의 얼굴에서 비치는 빛이 따스한 햇볕처럼 죄로 얼어붙은 마음을 녹이고 꽃과 새싹이 피어나는 은혜의 봄이 찾아오게 했습니다.

옛것이 제거된 다음에는 무엇이 그 자리를 대신했습니까? 여러분은 〈보라, 모든 것이 새롭게 되었다〉라는 말씀처럼 새로운 것이 들어왔음을 느끼지 못했습니까? 이제 새롭게 된 우리는 새로운 관점, 생각, 야망, 확신, 욕망, 소망, 두려움, 목적, 원칙, 감정을 지니게 되었습니다. 새로운 영에게 인도함 받으며 새로운 인생을 살게 되었습니다. 어린아이 같은 새 살이 돋아나 깨끗하게 된 문둥병자처럼 우리도 하나님의 손에 의해 깨끗하게 되었으며 하나님의 은혜로 새로운 마음을 품게 되었습니다.

사랑하는 성도 여러분, 계시록을 읽으며 앞으로 일어날 일을 고대하는 것은 매우 즐거운 일입니다. 계시록에는 우리의 새로운 모습에 대한 묘사가 매우 많습니다. 거기서 주님은 이긴 자들에게 새로운 이름을 주시겠다고 하셨습니다. 여러분 중 일부는 세상에 살면서 세속적인 별명으로 불렸으며 그것을 좋아했던 자도 있을 것입니다. 하지만 이제 여러분은 성도들 사이에서 전혀 다른 이름으로 불릴 것입니다. 박해자 사울은 사도가 되고 나서 바울이라 불렸습니다. 또, 주님께서 택하신 자에게 직접 붙여주시는 새롭고 특별한 이름도 있습니다. 그들은 아버지와 아들과 성령의 이름으로 하늘과 땅에 있는 모든 하나님의 가족에게 수여되는 이름을 받습니다. 그리고 주님은 그들에게 〈주께서 내 걸음을 견고하게 하셨고 새 노래를 내 입에 두셨다〉(시 40:2~3)라는 은혜로운 찬송을 부르게 하십니다. 이것은 〈그들은 새 노래로 「주님은 그 책을 취하여 그것의 봉인을 떼기에 합당하십니다」라고 찬양했다〉(계 5:9)라는 말씀에 기록된 영광스러운 노래를 미리 연습하는 것입니다. 이제 그들은 하나님께서 계신 하늘에서 내려온 새 예루살렘으로 사람의 아들들 사이에서 마지막 시대의 수도로 세워지며, 이를 두고 사람들은 〈하나님의 전이 사람들과 함께 있으며 하나님께서 그들과 함께 거하신다〉라고 고백할 것입니다.

이제 여러분은 모두 하나의 새사람이 되었습니다. 이것이 무슨 의미인지 아시겠습니까? 전에는 유대인과 이방인으로 나뉘었지만 이제는 바울이 말한 것처럼 그리스도께서 벽을 허물고 자기 안에서 둘을 하나로 만드시고 평화롭게 하셨습니다. (엡 2:14) 그리스도의 신비로운 몸이 곧 하나의 새 사람이며, 우리는 모두 그 몸의 지체가 되었습니다. 그러므로 이제 우리는 모든 성도와 교감하며 〈헬라인이나 유대인이나 종이나 자유인이나 구분 없이 모두 그리스도 안에서 하나입니다.〉 (갈 3:28) 우리는 이미 새 하늘과 새 땅에 거주하기 시작했으며, 우리가 힘겨운 싸움을 치르는 이 땅이 〈처음 하늘과 처음 땅이 지나가고 바다도 없을 것이다〉(계 21:1)라는 말씀처럼 새롭게 될 때를 기다립니다. 푸른 하늘은 두루마리처럼 말릴 것이며 만물은 뜨거운 열에 녹을 것입니다. 그럼에도 불구하고 우리는 주님의 약속을 믿고 새 하늘과 새 땅이 가까워지길 고대합니다. 이는 우리가 이미 그리스도 예수 안에서 새로운 피조물이 되었기 때문입니다.

4. 새롭게 된 결과

> 그러므로 누구든지 그리스도 안에 있는 자는 새로운 피조물이다. (고후 5:17)

새로운 피조물이 된 결과로 성도는 우선 자기 자신에 대해 매우 놀라게 됩니다. 피타고라스 학파는 영혼이 한 육신에서 다른 육신으로 환생한다고 주장했습니다. 우리는 그러한 주장을 조금도 믿지 않습니다. 그들의 말이 사실이라면 그 영혼의 기억이 고스란히 남아있어야 합니다. 그에 반해 기독교는 죽음과 부활을 가르칩니다. 즉, 옛것은 지나가고 새로운 피조물이 되는 것입니다. 이런 식으로 변화되는 것은 정말로 놀라운 경험입니다! 새로운 피조물이 된 사람은 지금 자신의 모습과 전혀 달랐던 옛 시절의 기억을 고스란히 지니고 있습니다. 참으로 신비하지 않습니까? 가령 인간으로 변화된 돼지가 자신이 예전에 돼지우리에서 지냈던 기억을 그대로 지니고 있다고 생각해보십시오! 거듭나지 않은 죄인이 성도로 변화되는 것은 여물통의 먹이를 먹던 돼지가 황제로 바뀌는 것보다 훨씬 놀라운 일입니다. 그 황제는 자신이 돼지였던 시절을 수치스럽게 여길 것입니다. 그는 돼지였던 자신의 과거를 돌이킬 때마다 부끄러워 얼굴을 붉힐 것이며 현재의 모습을 볼 때마다 감사의 눈물을 흘릴 것입니다. 그리고 주님께서 자기에게 베푸신 은혜를 다른 사람들에게 이야기하면서도 결코 우쭐하지 않고 겸손하게 말할 것입니다. 어떻게 그럴 수 있을까요? 돼지가 우리에서 뒹굴었던 행위는 비난받을 만한 것이 아니지만, 우리가 죄인으로 지냈던 것은 그렇지 않습니다. 돼지는 그저 본능에 의해 행동했을 뿐이지만 우리는 자의식이 있는 상태로 죄를 지었기 때문입니다. 그러므로 죄인이 성도가 된 것은 참으로 놀라운 변화입니다! 하나님의 선하심이 어찌나 큰지 모릅니다! 우리를 새로운 피조물로 다시 태어나게 하신 주님의 능력을 찬양합니다. 주님은 우리를 처음에는 인간의 형상으로 지으셨고, 두 번째로는 예수 그리스도의 형상으로 지으셨습니다. 처음에는 죽기 위해 태어났지만, 두 번째로는 영원히 살기 위해 태어났습니다. 이런 기적을 베푸신 하나님께 송축하십시오.

새로운 피조물이 된 결과로 우리는 이 악한 현재의 세상을 불편하게 여기게 됩니다. 이 세상은 옛 피조물이기 때문에 거듭나서 새로운 피조물이 된 사람은 모국에 있지 않은 것처럼 마음이 편치 않습니다. 우리의 육신은 불편하고 쉽게 망가지는 장막과 같습니다. 성도는 이런 육신에 거하며 천국에 있는 영원한 집에 들어가는 날을 손꼽아 기다립니다. 이 세상에 속한 모든 것은 성도의 영혼에 새겨진 법에 어긋난 것처럼 보입니다. 성도는 이 세상을 사랑하지 않으며 세상에 속한 자도 아닙니다. 세상의 부귀영화는 성도에게 전혀 매력적이지 않습니다. 세상의 음악은 천상의 하모니에 정화된 성도의 귀에는 소음처럼 들릴 뿐이며, 산해진미는 천국의 음식을 맛본 성도의 입을 만족시키지 못합니다. 새 피조물은 새로운 세상에 속하기를 갈망합니다. 우리는 지금 새로운 세상에 들어가도록 준비하는 중입니다. 하나님의 영께서 우리를 천국에서 주님을 마주 보며 기쁨의 잔을 나누기에 합당한 빛의 성도로 빚으십니다.

새 피조물이 된 성도는 새로운 세상을 바라보고 기다리면서 자기도 모르는 사이에 현재 살고 있는 옛 세상에 선한 영향을 미칩니다. 우리 주님께서 천국에 우리를 위한 처소를 예비하러 가신 것처럼, 주님의 백성인 우리는 이곳에서 주님이 다시 오실 때를 위해 준비합니다. 세상 사람들을 그리스도께 인도하고 도덕성을 회복하며 성령의 권능을 받아 빛과 진리를 온 세상에 전파하면서 이 세상이 위대한 왕이신 주님을 받아들일 수 있도록 돕습니다. 주님께서 귀하게 여기시는 보석들을 찾아 주님의 발 앞에 나아오게 합니다. 우리의 육신은 죄로 인해 죽었으며 우리의 생명은 이 유한한 세상에 얽매여 있지 않습니다. 그래서 우리는 이 세상에서 신음하며 힘들어합니다. 이 세상은 이미 죄로 오염되었기 때문에 우리가 쉴만한 안식처가 아닙니다. 무덤과 같은 이 세상은 살아있는 영혼이 거하기에는 너무도 끔찍한 곳입니다. 그럴더라도 우리에게는 아직 이곳에 있어야 할 이유가 있습니다. 우리가 사는 이 세상은 하나님의 뜻에 따라 〈허무한데 굴복하였으며, 장차 부패한 속박에서 벗어나 하나님의 자녀가 누리는 영광스러운 자유에 이르는 것〉(롬 8:20~21)을 바라고 있습니다. 우리가 이 세상에 존재하는 이유는 영적인 세계와 물질적인 세계의 연결고리가 되어 하나님의 영광이 더욱 온전하게 드러나도록 하려는 것입니다. 그러므로 〈그리스도께서 나타나실 때 너희도 그분과 함께 영광 중에 나타날 것이다〉(골 3:4)라는 말씀으로 서로를 위로하고 예수 그리스도 안에 있는 새 피조물로서 새 하늘과 새 땅을 바라보며 구세주께서 다시 오실 것을 기다리십시오.

세상 권세를 굴복시키신 그리스도

통치자와 권세를 굴복시키고 십자가 위에서 승리를 밝히 드러내셨다. (골 2:15)

이성의 눈으로 보면 십자가는 깊은 슬픔과 수치의 상징으로 보일 뿐입니다. 예수님은 흉악한 범죄자를 처벌할 때 사용하던 십자가에 매달려 돌아가셨습니다. 조롱과 멸시와 신성모독을 들으며 영혼을 하나님께 맡기셨습니다. 땅은 주님을 거부하여 지면에서 멀리 떨어진 곳에 매달리게 했고, 하늘은 주님이 죽어가는 시간에 햇빛조차 비추지 않았습니다. 세상이 볼 때 십자가는 그저 부끄러운 상징입니다. 유대인에게는 걸려 넘어지게 하는 돌이며, 헬라인에게는 어리석은 것입니다. 그러나 믿음의 눈으로 바라볼 때는 완전히 다릅니다. 믿는 자에게 십자가는 전혀 부끄러운 것이 아니며, 오직 그리스도께서 십자가에 못 박으신 우리의 죄만이 부끄러울 뿐입니다. 믿는 자가 볼 때 십자가는 멸시받을 이유가 전혀 없고 오히려 그것을 멸시하는 자들이 어리석게 보입니다. 믿는 자는 죽음의 그림자에 잠식하는 구세주의 영혼을 보면서, 동시에 주께서 가져오실 생명과 불멸을 바라봅니다. 믿는 자는 십자가를 수치의 상징으로 여기지 않고 영광의 훈장으로 여깁니다. 벨리알의 자녀들에게는 십자가가 쓰레기 더미에 있는 것처럼 하찮게 보이지만 그리스도인에게는 일곱 번째 하늘에서 빛나는 별처럼 보입니다.

형제 여러분, 본문 구절은 십자가가 우리 주님께서 승리를 이루신 장소란 사실을 가르쳐줍니다. 주님은 십자가에서 싸우셨고 세상을 이기셨습니다. 승자로서 전리품을 취하셨습니다. 그뿐 아니라 본문 구절은 십자가를 그리스도께서 승리의 마차를 타고 영광스러운 행진을 하는 것으로 묘사합니다. 칼빈은 이 구절에 대해 다음과 같이 장엄하게 설명했습니다.

이 구절은 헬라어 원문으로 볼 때 그리스도 자체에 관한 내용

으로 해석할 수도 있다. 하지만 문맥에 비추어 보면 이 구절은 그리스도 자체가 아니라 십자가에 관한 것으로 보아야 한다. 바울은 앞서 십자가를 그리스도께서 원수에게 승리하신 일을 상징하는 트로피로 비유했으며, 따라서 이 구절에서도 십자가를 그리스도의 위대함을 나타내는 개선 마차로 비유한다고 보는 것이 타당하다. 그리스도께서 사망을 굴복시키고 죽음의 군주 마귀를 발 아래 짓밟으신 장소인 십자가야말로 최고로 장엄한 심판대이며 위엄 있는 보좌이며 명백한 승리의 상징이며 화려한 개선 마차인 것이다.

우선 십자가 위에서 원수를 굴복시키신 그리스도에 관해 살펴본 다음에 적들을 포로로 삼아 승리의 행진을 하신 구세주의 모습을 살펴보겠습니다.

1. 세상 권세를 굴복시키신 그리스도

사탄은 죄와 사망을 한패로 끌어들여 이 세상을 악의 소굴로 만들었습니다. 공중 권세를 잡은 군주이며 타락한 찬탈자인 마귀는 지옥을 지배하는 것으로 만족하지 못하고 아름다운 이 땅까지 차지하기 위해 쳐들어왔습니다. 그는 에덴동산에 있던 우리의 첫 조상을 찾아가 그들이 하늘의 왕이신 하나님과 동맹을 파기하도록 유혹했습니다. 그렇게 그들은 마귀의 노예가 되었고, 주님께서 속량해주시지 않았다면 영원히 노예로 살아야만 했습니다. 하지만 그들의 발에 족쇄가 채워졌을 때 은혜의 소리가 들렸습니다.

너희는 자유하리라. 뱀의 머리를 부수실 주께서 속박의 집에 갇힌 자들을 구하실 것이다.

이 약속은 오랫동안 지체되었습니다. 하지만 마침내 때가 찼고 구세주께서 원수를 대적하기 위해 모습을 드러내셨습니다. 주님은 〈어둠의 권세여, 이제 네가 쫓겨날 차례이다〉라고 하며 싸움에 참전하셨습니다. 마지막 만찬을 마치신 날 밤, 주님은 일어나 전장으로 나가셨습니다. 얼마나 치열한 싸움이었습니까! 처음에는 주님께서 완패한 것처럼 보였습니다. 주님은 바닥에 무릎을 꿇고 〈아버지, 할 수만 있다면 이 잔을 내게서 지나가게 하여주소서〉라고 울부짖었습니다. 하지만 하나님께서 힘과 능력을 부어주신 이후에는 조금도 싸움을 두려워하거나 물러서는 기색을 보이지 않으셨습니다. 주님은 피바람이 휘몰아치는 전쟁터에서 용감히 전진했습니다. 가룟 유다의 입맞춤이 전쟁의 시작을 알리는 나팔 소리였으며, 빌라도의 재판은 무기를 뽑아 겨누는 것이었고, 잔혹한 채찍질은 검을 부딪치는 것이었습니다. 그리고 십자가는 싸움의 중심지였습니다. 갈보리 언덕 위에서 끝없는 싸움이 펼쳐졌고 이제 하나님의 아들께서 일어나 검을 뽑을 차례가 되었습니다.

교회의 대장이신 주님께는 끔찍한 패배와 영광스러운 승리 둘 중 하나가 기다리고 있었습니다. 결국 어느 쪽이었을까요? 지켜보는 사람들은 불안감에 휩싸여 숨을 죽입니다. 지옥의 울부짖는 소리가 무섭게 울려 퍼지며 어둠의 군대가 몰려들었습니다. 사자처럼 잔인하고 늑대처럼 굶주리고 밤처럼 어두운 악마들이 무수히 달려들었습니다. 그 날의 싸움을 손꼽아 기다렸던 사탄의 군대가 그들의 소굴에서 쏟아져 나왔습니다. 셀 수 없이 많은 군사가 무시무시한 얼굴을 하고 전진해왔습니다. 악마의 우두머리들이 칼을 뽑아 들고 이스라엘의 왕에게 달려들었습니다. 죄가 독사의 독을 내뿜으며 구세주의 몸을 송곳니로 물었습니다. 죽음이 창백한 말을 타고 예수님의 심장을 향해 잔혹한 화살을 날렸습니다. 주님은 〈심히 괴로워 죽을 것 같았습니다.〉 지옥이 활활 타오르는 불화살을 날렸습니다. 그리고 그들의 가장 큰 우두머리는 바로 사탄이었습니다. 사탄은 예전에 천상의 전투에서 그리스도께 패하여 땅에 내던져진 것을 잊지 않고 복수할 날만 손꼽아 기다리고 있었습니다. 태양을 가릴 만큼 무수히 많은 화살이 빗발쳤습니다. 어둠이 전장을 뒤덮어 피부로 느껴질 정도였습니다. 수많은 공격이 한 사람을 향해 쏟아졌습니다. 그 사람은 다름 아닌 하나님이셨으며, 그는 전장에서 홀로 수많은 세상 권세와 맞서 싸우셨습니다. 주님은 그들의 모든 공격을 감내하셨습니다. 처음에는 그들이 마음껏 공격하도록 허락하셨으며 생각하는 것만으로 비명을 지를 만큼 끔찍한 고통을 묵묵히 참으셨습니다. 하지만 마침내 전장의 함성소리가 울려 퍼졌습니다. 자기 백성을 위해 홀로 싸우시던 주님께서 아군마저 부르르 떨 정도로 큰 소리를 지르셨습니다. 싸움은 너무도 치열했고 전장의 먼지는 주님을 목마르게 했습니다. 주님은 〈내가 목이 마르다〉라고 탄식하셨습니다. 패배가 눈앞에 보이는 듯했습니다! 하지만 전장 한편에는 주님께서 쓰러뜨린 적이 무더기로 쌓여 있었습니다! 그리고 나머지 적들은 자멸의 길로 돌진하고 있었습니다. 마지막 남은 적이 돌진하였고 장시간 치러진 전쟁은 막바지에 이르렀습니다. 결국 어둠은 사라지고 마귀의 군대는 패퇴했습니다. 주님은 〈다 이루었다〉라고 승리를 선포하셨습니다. 주님을 대적하던 원수는 모두 죽었습니다. 악의 제왕은 자신이 쏜 화살에 찔려 쓰러졌습니다. 사탄의 머리는 부서졌습니다! 상처 입은 뱀은 처참한 모습으로 몸부림치며 꿈틀거렸습니다! 죄는 산산조각 나서 공중에 흩날렸습니다! 〈다 이루었다〉라고 선포하신 주님은 후에 자색 옷을 입고 돌아와서 〈내가 포도주 틀을 밟았고 진노로 그들을 짓밟아 그들의 피가 내 옷을 모두 적셨다〉라고 말씀하실 것입니다.

주님은 또한 전리품을 취해 나누십니다. 전리품을 나누는 행위는 전쟁이 모두 끝났다는 것을 의미합니다. 적에게 힘이 남아 있다면 승자가 전리품을 나누도록 내버려 두지 않을 것이기 때문입니다. 성경에는 예수 그리스도께서 적들의 전리품을 완전히 취하셨다는 구절이 많이 나옵니다.

그리스도께서 전리품을 취하셨다는 비유는 무엇을 의미할까요? 이것은 우선 주님께서 모든 적을 무장해제하셨다는 뜻입니다. 사탄은 예리한 율법의 검에 죄의 독을 발라 그리스도를 대적했습니다. 그가 휘두르는 율법의 검에 맞아 생긴 상처는 목숨을 앗아갈 만큼 치명적이었습니다. 바로 이 검을 그리스도께서 부러뜨리셨으며, 따라서 이제 어둠의 군주는 무장이 해제된 상태입니다. 사탄의 투구는 둘로 쪼개졌고 그의 머리는 주님께서 휘두르신 철 막대기에 맞아 깨졌습니다. 죽음도 그리스도를 대적했으나 주님은 죽음이 지닌 화살집에서 독이 묻은 촉을 모두 제거하셨습니다. 그래서 죽음은 더 이상 주님께서 속량한 백성을 파멸시키지 못하게 되었습니다. 죄도 그리스도께 대항했습니다! 하지만 죄는 완전히 산산조각 났습니다. 본래 죄는 사탄의 방패지기였으나 사탄은 무장해제되고 죄는 죽어서 땅에 널브러졌습니다. 사탄의 검은 부러져 이제 더는 우리에게 치명상을 입힐 수 없습니다. 고대 로마에서 전쟁을 이기고 나면 적의 무기를 모두 빼앗고 무장과 옷을 벗기고 손을 뒤로 묶어 멍에를 씌우는 것이 관습이었습니다. 그리스도께서도 죄와 죽음과 지옥을 이기시고 그것들의 무기와 갑옷을 벗기신 다음 멍에를 씌우고 포로로 끌고 가셨습니다.

무기를 빼앗은 다음에 주님은 적들의 보물을 취하셨습니다. 전쟁에서 승리한 자는 패자의 땅을 황폐하게 하여 그들의 힘을 약하게 만듭니다. 요새는 파괴하고 병기고의 무기는 전부 망가뜨려 다시는 공격을 감행할 수 없게 합니다. 그리스도께서도 적들에게 똑같이 하셨습니다. 사탄은 우리에게서 기쁨, 행복, 평안 등 모든 것을 빼앗아갔습니다. 그는 그것을 빼앗아 자신이 즐기려 한 것이 아니고 그저 우리를 파멸시키려는 목적이었습니다. 하지만 그리스도께서 우리가 빼앗겼던 것을 되찾아 주셨습니다. 낙원은 다시 우리 소유가 되었습니다. 인류에게서 하나님의 유산을 강탈해간 사탄아! 네가 아담에게서 빼앗은 것을 두 번째 아담이신 그리스도께서 다시 되찾으셨다. 온 땅을 황폐하게 하던 자들이 몰락했다. 이제 주께서 궁핍한 자들을 기억하시며 온유한 자들이 땅을 다시 기업으로 받을 것이다.

그때 많은 전리품을 나누며, 절름발이도 전리품을 취할 것이다. (사 33:23)

전쟁에서 승리한 자는 또한 적에게서 왕관과 보석 같은 장신구도 모두 빼앗아 취합니다. 그리스도께서도 십자가에서 사탄에게 같은 일을 행하셨습니다. 사탄은 오만하게도 승리의 면류관을 쓰고 있었습니다. 그는 〈내가 첫 번째 아담과 싸워 이겨 빛나는 왕관을 취했다〉라고 생각했습니다. 하지만 그리스도께서 사탄의 머리를 부쉈을 때 그의 왕관을 다시 빼앗았습니다. 그래서 사탄은 현재 완전히 패배하여 조금도 우쭐할 수 없는 상황입니다. 첫 번째 싸움에서 사탄은 인류를 패퇴시켰으나 두 번째 싸움에서는 오히려 정복당했습니다. 사탄의 지배력은 사라졌습니다. 유혹은 할 수 있지만 강제로 시킬 수는 없습니다.

위협은 할 수 있지만 정복할 수는 없습니다. 왕관은 빼앗겼고 힘은 약해졌습니다. 구속받은 그분의 백성들아, 새 노래로 주님을 찬양할지어다! 주께서 원수를 완전히 부수셨도다!

이 사실이 무엇을 의미합니까? 그리스도께서 십자가에서 사탄을 정복하고 전리품을 취하신 것이 정말로 사실이라면 이제 우리는 더 이상 거대한 원수를 두려워할 필요가 없다는 것입니다. 형제 여러분, 우리는 모든 면에서 그리스도를 닮아야 합니다. 우리도 각자 십자가를 지고 죄와 사망과 지옥을 대적해야 합니다. 두려워 마십시오. 싸움의 결말은 이미 확정되었습니다. 우리 주 예수 그리스도께서 모두를 이기셨으며, 따라서 우리 역시 주님 안에서 반드시 승리할 것입니다. 악한 자가 나타나 갑자기 놀라게 하더라도 두려워하지 마십시오. 그가 여러분을 비난하면 그에게 〈하나님께서 택하신 자를 감히 누가 힐난하는가?〉라고 답하십시오. 그가 정죄하고 조롱한다면 〈누가 감히 정죄하는가? 그리스도께서 나를 위해 죽으시고 부활하셨다〉라고 답하십시오. 사탄이 그리스도의 사랑에서 멀어지도록 위협한다면 〈내가 확신하노니, 현재 일이나 장래 일이나 높음이나 깊음이나 다른 어떤 피조물도 우리를 그리스도 예수 우리 주 안에 있는 하나님의 사랑에서 단절시킬 수 없다〉(롬 8:38~39)

라는 말씀을 붙들고 담대히 대적하십시오. 사탄이 여러분의 죄를 지적하며 공격할 때는 〈혹시라도 누군가 죄를 짓는다면, 우리에게는 아버지께 변호해주실 의로우신 예수 그리스도가 계시느니라〉(요일 2:1)라는 말씀으로 맞받아치십시오. 죽음이 두렵게 한다면 〈사망아, 네 쐐기가 어디 있느냐? 무덤아, 네 승리가 어디 있느냐?〉(고전 15:55)라는 말씀을 기억하십시오. 십자가를 방패로 삼으십시오. 주님께서 원수를 물리치고 그들의 전리품을 취하신 것처럼 여러분도 똑같이 하게 될 것을 확신하십시오. 그러므로 사탄과 싸우는 일은 우리에게 유익이 됩니다. 원수의 전리품을 취해 더욱 부유하게 될 것이기 때문입니다. 견뎌야 할 고난이 많을수록 이후에 얻을 전리품은 더욱 큽니다. 환난은 인내를 낳고, 인내는 체험을, 체험은 반드시 이루어질 소망을 품게 합니다. 사탄의 공격을 받음으로 우리는 하나님의 백성을 위해 예비된 안식을 더욱 풍성히 누리게 될 것입니다. 죄와 사탄을 대항해 전열을 가다듬으십시오. 하나님께 반기를 드는 적들을 향해 화살을 아끼지 말고 쏟아부으십시오. 두려워하지 말고 낙심하지도 마십시오. 전쟁은 여호와께 속한 것이니 주님께서 반드시 그들을 여러분의 손에 맡기실 것입니다.

2. 십자가에서 이루신 승리

로마의 장군이 전쟁에서 큰 무공을 쌓았을 때 누리는 가장 큰 보상은 원로원에서 공식적으로 그의 승리를 공표하는 일입니다. 원로원이 정한 날에 로마 사람들은 성문을 모두 개방하고 집집마다 화려하게 장식하고 모두 구경하기 위해 지붕이나 성벽 위로 올라갑니다. 성문이 열리고 나팔 소리가 울려 퍼지며 한 군단씩 차례대로 입성합니다. 사람들은 피 튀기는 전쟁터에서 귀환한 병사들이 준엄한 표정으로 거리를 행진하는 광경을 지켜봅니다. 군대의 절반이 행진한 뒤에 한가운데서 가장 화려하게 사람들의 이목을 끄는 인물을 볼 수 있습니다. 새하얀 말이 끄는 고귀한 마차를 타고 월계수를 쓴 개선장군이 행진합니다. 그 마차에는 정복한 땅의 왕과 귀족들이 묶여 있습니다. 그리고 그 뒤로 전쟁에서 탈취한 각종 전리품이 모습을 드러냅니다. 상아, 흑단, 금, 은, 비단, 정복지에 서식하는 희귀 동물이 보입니다. 그 후 남은 병사들이 용맹한 모습으로 장군의 승리를 경축하며 긴 행렬을 이어갑니다. 그 다음 전장에 휘날렸던 깃발과 적에게 빼앗은 문양이 뒤따릅니다. 그리고 전사들의 승리를 묘사한 그림이 높이 들립니다. 그중에는 진군하며 건넜던 강이나 바다를 그린 거대한 지도도 있습니다. 모든 업적이 그림으로 보여졌으며 백성은 그것을 보고 환호성을 질렀습니다. 그 뒤로 하류층 포로들과 다른 전리품이 줄지어 끌려갔습니다. 마지막에는 나팔수들이 크게 나팔을 불었고 군중의 박수갈채가 울려 퍼졌습니다. 고대 로마인에게 이것은 고귀한 날이었습니다. 아이들은 그날의 영광스러운 광경과 환호를 잊지 못했으며 개선행진을 하는 날은 그들에게 추억거리로 자리 잡았습니다. 개선장군은 그날의 주인공이었으며 영웅의 이름을 기리기 위해 사람들은 축제를 즐겼고 여인들은 그의 발 앞에 꽃을 던졌습니다.

바울도 분명 이런 개선행진을 목격한 적이 있을 것이며, 그래서 그리스도께서 십자가에서 이루신 업적을 묘사하기 위해 이것을 비유로 사용해 〈십자가 위에서 승리를 밝히 드러내셨다〉라고 표현했습니다. 십자가를 개선행진으로 묘사하는 것이 어떻게 가능할까요? 옛 주석가들도 대부분 이 구절을 제대로 설명하지 못했습니다. 그들은 〈이 구절은 분명 그리스도의 부활과 승천을 나타낸 것이다〉라고 주장했습니다. 하지만 성경은 십자가 위에 있는 모습조차 적들을 굴복시킨 승리의 장면이라고 말합니다. 비록 주님의 손은 못에 박혀 피가 흘렀지만 주님의 머리 위에서 천사들은 일제히 환호성을 지르고 있었습니다!

주님의 발은 못으로 고정되어 있었지만 천사들은 주님 주변을 둘러싸고 찬사를 보내고 있었습니다. 피로 물든 십자가 위에서 주님이 형언할 수 없는 고통 가운데 죽으셨을 때 하늘에서는 구속받은 백성과 하나님의 천사들이 큰 음성으로 주님을 찬송하고 있었습니다. 주님은 십자가에서 용에게 치명적인 상처를 입히셨습니다. 영광스러운 승리를 거두신 주님을 찬양하십시오. 여호와는 영원무궁이 다스리실 왕 중의 왕이며 주 중의 주이십니다.

저는 이처럼 장엄하고 육신의 이해력을 초월하는 놀라운 광경을 제대로 설명할 자신이 없습니다. 다만 제 생각을 말하자면 이렇습니다. 십자가는 그리스도께서 이루실 궁극적인 승리의 근거가 됩니다. 주님은 십자가에서 자신을 제물로 드림으로써 단번에 모든 적을 완전히 물리치시고 하나님의 우편에 영원히 앉으셨습니다. 영적인 관점에서 그리스도께서 이루신 모든 승리는 십자가에 담겨 있습니다. 믿음의 눈으로 볼 때 사실상 우리 주님께서 얻으실 영광의 모든 싹을 십자가에서 받으신 고통 가운데서 발견할 수 있습니다.

그리스도는 모든 적을 영원히 정복하셨고 전리품을 취하셨으며 지금은 힘겹게 치른 싸움의 보상을 누리고 계십니다. 눈을 들어 하나님의 성읍을 바라보십시오. 진주 문은 활짝 열려 있고 성벽은 신랑을 맞이하기 위해 치장한 신부처럼 아름답게 빛납니다. 성벽 위에 몰려있는 천사들의 모습이 보입니까? 천상의 도시 집집마다 천사들이 고개를 내밀고 누군가가 도착하기를 기다리는 광경이 보입니까? 마침내 나팔 소리가 울리고 천사들은 서둘러 성문 쪽을 바라봅니다. 구원받은 백성의 선봉대가 성읍으로 다가오는 것이 보입니다. 진홍색 옷을 입은 아벨이 영광스러운 순교자의 군대를 이끌고 나타납니다. 함성소리가 들립니까? 아벨은 그리스도의 첫 번째 전사이자 전승 기념비였습니다. 오실 메시아를 역사 초창기부터 믿었던 사람들이 아벨의 바로 뒤에 따라 들어옵니다. 그들 뒤에는 혼란스러운 시대에 주님께서 오실 것을 증거했던 베테랑 족장들이 모습을 드러냅니다. 하나님과 동행하며 〈수많은 성도를 거닐고 오시는 주를 보라〉라고 즐겁게 찬양하는 에녹을 보십시오. 주님의 항해사로서 방주를 몰던 노아도 보입니다. 그 다음 아브라함, 이삭, 야곱, 모세, 여호수아, 사무엘, 다윗 등 용맹한 용사들이 뒤따릅니다. 그들은 〈우리를 사랑하사 자기 피로 우리 죄를 씻기신 주님께 명예와 영광과 통치와 권세가 영원히 있을지어다)라고 소리치며 입장합니다. 형제 여러분, 이 고귀한 군대의 모습을 바라보십시오! 그들이 황금길을 따라 행진할 때 타락하지 않고 천국에 남아 있던 천사들이 열렬한 환호를 보냅니다. 이처럼 수없이 많은 군병이 행진하는 장엄한 광경을 어디서 볼 수 있겠습니까? 이것은 단지 한 날에 끝나는 일시적인 행사가 아닙니다. 그리스도께서 구속하신 군대는 무려 사천 년간 긴 행렬을 이어오고 있습니다. 행렬 중에는 때로 수가 적은 무리도 보입니다. 하지만 얼마 지나지 않아 큰 무리가 뒤따르면서 그들을 사랑하사 자기 몸을 내어주신 주님을 찬양합니다. 이제 개선장군이신 주님이 직접 모습을 드러내실 차례입니다. 주님이 곧 입장하신다는 소식을 전하는 사자가 보입니다. 그는 낙타 털로 만든 옷을 입고 허리에 가죽 띠를 둘렀습니다. 다윗의 자손이 입장하실 때가 머지않았습니다. 집집마다 천사들이 고개를 내밀고 모든 눈이 주님의 입장을 주목합니다!

드디어 예수님께서 도착하셨습니다! 〈문들아 머리 들어라, 너희 영원한 문들아, 영광의 왕께서 들어가신다.〉 환호 속에 입장하는 주님의 모습을 보십시오. 주님이 오셨습니다! 더 이상 가시면류관을 쓰고 있지 않습니다. 비록 손에 못 자국은 남아 있지만 더 이상 피를 흘리시지 않습니다. 주님의 눈은 불꽃 같고

허벅지에는 왕 중의 왕, 주 중의 주라 쓰여 있습니다. 〈예루살
렘의 딸들을 향한 사랑으로 덮인〉 마차 위에 높이 서 계십니다.
피 묻은 옷을 입은 모습은 의심할 여지 없이 하늘과 땅의 황제
이십니다. 많은 물소리와 큰 천둥소리보다 더 큰 환성이 그분
을 둘러쌉니다! 요한이 본 환상이 이렇게 현실이 되었습니다.
이제 우리도 직접 그 모습을 보고 새 노랫소리를 들을 것입니
다.

> 그들이 새 노래를 부르며 말하였다. 〈주님은 그 책을 받아 봉
> 인을 떼기에 합당하십니다. 이는 주께서 죽임을 당하시어 주
> 의 피로 모든 민족과 언어와 백성과 나라에서 저희를 속량해
> 하나님께 드렸기 때문입니다. 주께서 저희를 하나님 앞에 왕과
> 제사장으로 삼으셨으니 저희가 그 땅을 다스릴 것입니다.〉 (계
> 6:9~10)

그런데 마차 뒤에 매달려 질질 끌려오는 끔찍한 괴물은 누구일
까요? 우선, 주님의 주적인 옛 뱀이 넝마 차림으로 묶여서 끌려
갑니다. 그의 푸른 빛은 먼지투성이며 비늘은 광채를 잃었습니
다. 이제 파괴를 일삼던 자는 파멸될 것이고 사망과 지옥은 불
못에 던져질 것입니다. 반역자의 수장은 영원히 조롱과 멸시의

대상이 될 것입니다! 하늘에 앉으신 분께서 그를 비웃을 것입니다. 그리고 더욱 끔찍한 괴물인 〈죄〉는 손이 사슬에 묶여 그의 아비 마귀와 함께 끌려갑니다. 그가 얼마나 고통으로 몸부림치는지 보십시오. 그는 거룩한 성읍을 노려보지만 재갈이 물린 채 마차에 질질 끌려가기에 자신의 독을 내뿜을 수 없습니다. 사망도 자신의 화살을 전부 빼앗기고 손을 뒤로 묶인 채 끌려가며 공포도 마찬가지로 포로가 되었습니다. 이 무시무시한 적들이 끌려갈 때 천사들이 부르는 찬송 소리를 들어보십시오! 모든 적을 물리치시고 아버지 곁에 앉으신 임마누엘은 찬양받기 합당하신 분입니다!

다음은 주님의 수많은 백성이 행진할 차례입니다. 먼저 사도들이 주님을 찬양하며 입장합니다. 그 다음 그들의 후계자들이 들어오고 잔혹한 조롱과 박해를 받으면서도 끝까지 주님을 따랐던 자들이 모습을 드러냅니다. 이들은 세상이 감당할 수 없으며 하늘의 별처럼 빛나는 자들입니다. 크리소스톰, 아타나시우스, 어거스틴과 같은 위대한 설교자와 신앙 고백자들의 모습도 주목하십시오. 그들이 거룩한 합창을 주님께 올려드리는 것을 보십시오. 다음으로 종교 개혁자들의 빛나는 행렬이 들어옵니다. 그들의 중앙에 거룩한 삼형제 루터, 칼빈, 쯔빙글리의 모습이 보입니다. 그들 바로 앞에는 위클리프, 휴스, 제롬, 프라그 등이 함께 행진하고 있으며 이들 초기 개혁자들을 통해 하나님께 돌아온 수없이 많은 무리가 그들을 뒤따릅니다. 우리가 사는 이 시대의 행렬을 내려다보니 굉장히 규모가 크고 장대합니다. 이 마지막 시대에는 주님의 승리에 동참하는 군사가 매우 많기 때문입니다. 비록 그들이 우리 곁에 남아있지 않은 것은 슬픈 일이지만 오히려 그들이 주님 곁에 함께 있는 모습을 보고 기뻐해야 할 것입니다. 행렬의 가장 처음부터 마지막에 있는 모든 사람이 한목소리로 이렇게 외칩니다.

우리를 사랑하사 자기 피로 우리 죄를 씻기신 주님께 영광과 통치가 영원히 있을지어다.

시간이 더 있었다면 고대 로마 시절처럼 행렬의 마지막에 등장하는 개선장군의 업적이 담긴 그림들의 행진까지 묘사할 수 있었겠지만 아쉽게도 이제 마쳐야 할 시간입니다. 당시에는 장군이 정복한 마을, 건넜던 강, 차지한 지역, 싸웠던 전투 등이 석판에 그림으로 묘사되어 모든 사람이 볼 수 있었습니다. 백성은 한데 모여 야단법석을 떨거나 집에서 창밖으로 그것을 보며 박수갈채를 보냈습니다. 저라면 무엇보다 지옥의 감옥 문이 활짝 열린 그림을 보여줄 것입니다. 사탄이 하나님께서 택한 자들을 가두려고 만들어둔 지옥 깊숙한 곳의 어두운 감옥은 이제 그리스도께서 돌 위에 돌 하나도 남아있지 않도록 완전히 무너뜨리셨습니다. 결박은 부서졌고 감옥 문은 모두 불탔습니다. 다른 그림에는 무덤이 전부 열리고 믿는 자들이 모두 천국으로 들어가는 장면이 그려져 있습니다. 구속받은 마지막 백성이 성읍으로 들어가고 행렬이 끝나면 주님은 왕국을 아버지께 바치실 것이며 하나님께서 모든 것을 차지하실 것입니다.

내 영혼아, 너는 이 영광스러운 행렬에서 작은 자리라도 차지하겠느냐? 너는 주께서 택하신 군사로서 참여하겠느냐? 큰 소리로 호산나를 외칠 때 함께 하겠느냐? 영원한 찬송 소리에 네 목소리로 울려 퍼지겠느냐? 저는 가끔 그렇지 못할까 봐 겁이 날 때도 있습니다. 〈주님께서 명단을 부르실 때 내 이름이 없으면 어떡하지?〉라고 두려워할 때도 있습니다. 당신은 이런 생각에 괴로워 해 본 적이 없습니까? 이 질문에 확실히 답할 수 있기 전까지 결코 안심하지 마십시오. 다시 한번 묻겠습니다. 당신은 이 질문에 답할 수 있습니까? 이 질문을 다른 형태로 바꾸면 이렇습니다. 당신은 주 예수 그리스도를 믿습니까? 그분을 의지하고 신뢰합니까? 당신의 영혼을 그분께 맡겼습니까? 그분의 희생에 의존하며 〈다른 피난처는 내게 없네, 내 영혼이 주님께 매달립니다〉라고 고백할 수 있습니까? 그렇다면 당신의 눈은 그날에 주님의 영광을 보며, 주께서 아버지 보좌 곁에 앉으신 것처럼 당신도 주님의 보좌 곁에 앉을 것입니다.

사망을 멸하신 그리스도

마지막으로 멸망받을 원수는 사망이다. (고전 15:26)

지금까지 우리 주님께서 이루신 다섯 가지 업적을 살펴보았습니다. 주님은 율법의 마침이 되셨고, 사탄을 정복하셨으며, 세상을 이기셨고, 만물을 새롭게 창조하셨으며, 세상 권세를 굴복시키셨습니다. 이제 사망을 멸하신 주님에 대해 알아보겠습니다. 주님께서 행하신 이 일과 다른 모든 영광스러운 업적으로 인해 주님의 이름을 찬송합니다. 구세주의 가장 위대한 업적 중 하나인 이것을 우리가 온전히 이해할 수 있도록 성령님께서 인도해주시길 기도합니다.

주 예수님께서 인간이 되셨다는 사실은 얼마나 놀라운지 모릅니다! 다윗이 시편을 지으며 〈주님의 손가락으로 만드신 하늘〉(시 8:3)을 묵상할 때 그는 〈주님, 사람이 무엇이기에 주께서 그를 마음에 두십니까? 사람의 아들이 무엇이기에 주께서 그를 돌아보십니까?〉(시 8:4)라고 말했습니다. 다윗이 말한 〈사람의 아들〉은 그리스도를 가리킵니다. 여러분은 아마도 다윗이 어째서 하나님은 아담의 자손처럼 타락하고 초라한 인간을 기뻐하는 것인지 의아하게 여겼다고 생각했을 수도 있습니다. 이 아름다운 구절 안에 영광스러운 복음이 감춰져 있을 것이라고는 꿈에도 생각지 못했을 것입니다. 하지만 다윗은 〈주께서 그에게 주의 손으로 지으신 것을 다스리게 하시고, 만물을 그의 발 아래 두셨습니다〉(시 8:6)라고 묵상을 이어갑니다. 성령님께서 조명해주시지 않았다면 우리는 여전히 다윗이 그저 자연을 다스리는 일반적인 인간에 대해 말한 것으로 생각했을 것입니다. 물론 그것도 틀린 해석은 아니지만, 이 구절에는 그보다 훨씬 중요한 진리가 숨겨져 있습니다. 다윗은 선지자로서 인간 중의 인간이며, 인간의 완벽한 모범이며, 두 번째 아담이며, 새로운 인류의 우두머리가 되실 분에 관해 이야기한 것입니다. 〈주께서 만물을 그의 발 아래 두셨습니다〉라는 구절은 시편 기자가 하나님께서 〈사람의 아들〉이신 예수님을 높이시는 장면을 노래한 것입니다. 시 한 편에 평범한 인간에 관한 내용과 우리 주님에 관한 내용이 동시에 담겨 있다는 사실이 놀랍지 않습니까? 하지만 곰곰이 생각해보면 이것은 매우 자연스러울 뿐 아니라 진리와 일치하기도 합니다. 우리는 예수님을 인간과 동떨어진 존재로 생각하며 그분도 한 명의 인간이셨다는 사실을 간과할 때가 많습니다.

바울은 이 시편 구절을 인용하여 〈그가 모든 적을 발 아래 두실 때까지 다스리실 것이다〉(고전 15:25)라고 말하며 부활의 당위성을 설명합니다. 만물이 예수 그리스도의 발 아래 있게 된다는 것은 그리스도께서 모든 형태의 악을 정복하신다는 뜻입니다. 그렇다면 당연히 사망도 정복되어야 하며, 반드시 그렇게 될 것입니다. 바울은 이처럼 단순한 시편 구절에서 성령님의 조명하심을 통해 부활의 교리를 이끌어냅니다. 성령님은 주의 종 바울에게 단순한 말씀 속에서 일반 독자들은 결코 발견할 수 없는 귀중한 진리의 정수를 추출해내는 법을 가르쳐주셨습니다. 말씀의 참뜻은 성령님께서 택하신 자들의 마음에 깨달음을 주시기 전까지 드러나지 않도록 비밀 서랍에 감춰져 있습니다. 여러분이라면 과연 시편 8편을 읽으면서 부활의 진리를 발견할 수 있었겠습니까? 그럴 수 없었을 것입니다. 심지어 여러분은 누군가에게 배우지 않았다면 부싯돌에서 불이 나오고 바위에서 기름이 나오며 지금 밟고 있는 땅에서 빵이 나온다는 사실도 믿지 못했을 것입니다. 인간이 쓴 책은 독자가 기대하는 것보다 훨씬 못 미치는 내용을 담고 있지만, 주님께서 쓰신 책은 놀라움과 빛으로 가득하며 귀중한 계시가 산더미만큼 담겨 있습니다. 성경 속에 아직도 얼마나 많은 비밀이 감춰져 있는지 알 수 없습니다. 우리가 아는 것은 주님께서 분명하게 가르쳐주신 말씀 정도이며, 우리는 그것에 의지해 살아갑니다. 하지만 성경에는 우리가 아직 들여다보지 못한 비밀의 창고가 있으며, 그 안은 너무도 밝아서 지금 우리의 눈으로는 볼 수가 없습니다. 하지만 바울도 하나님의 영이 임하셨을 때 다윗의 노래를 더욱 깊이 이해할 수 있었던 것처럼 우리도 바울이 서신서를 기록했을 때 성령님께서 그를 통해 전하려 한 내용을 더욱 깊이 이해하게 될 날이 올 것입니다. 그날에 우리는 부활하신 주님의 숭고한 영광을 바라볼 수 있을 것입니다.

오늘 본문 말씀에서 우리는 세 가지를 알 수 있습니다. 첫째, 사망은 〈원수〉입니다. 둘째, 사망은 〈멸망받을〉 원수입니다. 셋째, 사망은 〈마지막으로〉 멸망받을 원수입니다.

> 마지막으로 멸망받을 원수는 사망이다. (고전 15:26)

1. 사망은 원수다

마치 하만이 혈통에서부터 이스라엘 민족의 원수였던 것처럼, 사망도 태생 자체가 우리의 원수입니다. 〈죄가 장성하여 사망을 낳는다〉(약 1:15)라는 말씀에서 알 수 있듯이 사망은 우리의 철천지원수인 죄의 자식입니다. 이처럼 명백히 불법의 결실인 사망이 인간의 원수가 아니고 무엇이겠습니까? 사망은 우리가 타락한 날에 처음으로 세상에 들어왔습니다. 그리고 사망의 권세를 움켜쥔 자는 다름 아닌 우리의 주적이자 배신자인 마귀입니다. 이 두 가지 사실만 보더라도 사망은 마땅히 인간의 원수로서 취급되어야 합니다. 사망은 타락하기 전의 본래 세상에는 계획조차 없었던 불청객입니다. 그런데 그것이 세상에 들어오자 모든 것이 망쳐졌습니다. 사망은 목자이신 주님의 양떼에 속한 양이 아니라 죽이고 파괴하려고 찾아온 늑대입니다. 지질학적으로 보면 아직 이 세상이 인간의 거주지로써 완전히 갖춰지지 않았던 역사 초기 때부터 사망은 여러 생명체 사이에 존재했습니다. 하지만 저는 이것 역시 죄의 결과로 생겨났다고 봅니다. 정말로 아담의 죄와 다른 생명체의 죽음이 밀접한 관련이 있다고 한다면, 아담 이전에 존재하던 생명체의 죽음은 당시에는 아직 범해지지 않았지만 장차 아담에 의해 범해질 죄의 결과가 미리 나타난 것이라 할 수 있습니다. 예수님께서 행하신 희생 공로로 인해 예수님 이전의 사람들도 구원을 얻을 수 있다면, 인간이 범한 죄로 인해 이전 시대의 생명체에게 사망의 그림자가 드리워지는 것도 당연한 일입니다. 물론 이 점에 관해서 우리는 자세히 알지 못하며 굳이 알 필요도 없습니다. 하지만 한 가지 확실한 점은 사망이 하나님께서 이 세상을 만드실 때 초대한 손님이 아니며 오히려 연회를 망치려고 침입한 불청객이란 사실입니다. 어리석은 인간도 낙원에서 열리는 축제에 억지로 들어오려는 죄와 사탄은 환영했지만 사망만큼은 결코 환영하지 않았습니다. 그의 어두운 눈조차 해골 모습을 한 이 끔찍한 원수의 모습을 간파한 것입니다. 초원의 양떼를 위협하는 사자처럼, 들판의 꽃을 위협하는 낫처럼, 숲의 낙엽을 위협하는 바람처럼, 그렇게 사망은 인간의 자손에게 위협이 됩니다. 인간의 양심은 사망이 자신의 죄가 낳은 자식이란 사실을 알고 있으며, 따라서 본능적으로 사망을 두려워합니다.

사망을 원수라 표현한 것은 참으로 적절합니다. 왜냐면 사망은 원수가 하는 행위를 그대로 하기 때문입니다. 약탈하고 무너뜨리고 파괴하는 것 말고 원수가 쳐들어오는 이유가 무엇이 있겠습니까? 사망은 하나님께서 손가락으로 지으신 아름다운 피조물인 인간의 육체를 갈가리 찢어버립니다. 주님의 화려한 작품을 벌레가 득실거리는 무덤에 던져버리고 산산조각내어 자기 병사들에게 〈노략물로 취한 수놓은 채색옷〉(삿 5:30)처럼 나누어 줍니다. 인간의 육체는 아름답게 지어진 집입니다. 하지만 사망은 그 집의 창문을 어둡게 하고 기둥을 뒤흔들며 문을 걸어 잠그고 맷돌 소리가 그치게 만듭니다. 사망은 노래하던 여인들의 목소리를 잠잠하게 하고 강건했던 남성의 허리를 굽게 합니다. 삶은 지혜와 멋으로 가득하지만 사망은 그것의 은 줄을 끊고 금 그릇을 깨뜨려버립니다. 우물가의 값진 항아리를 산산조각내고 저수지의 도르래를 망가뜨립니다. 사망은 삶의 영토에 쳐들어오는 무시무시한 원수입니다. 사망이 찾아오면 나무는 쓰러지고 우물은 마르고 토지는 황폐해집니다. 사망의 그림자가 드리운 사람의 모습을 보십시오. 사망이 얼마나 파괴적인지 알 수 있습니다! 그의 아름다움은 재로 변하고 어여쁨은 부패합니다. 이렇듯 사망은 우리의 원수입니다.

형제 여러분, 사망은 때와 장소를 가리지 않고 모든 시대에 모든 나라에서 발생합니다. 무덤이 없는 들판이 있습니까? 공동묘지가 없는 도시가 있습니까? 매장지가 없는 집안이 있습니까? 해변가의 모래가 지렁이의 몸을 덮듯이 이 땅은 잠든 자의 몸을 잔디로 덮고 있습니다. 바닷속 깊은 동굴에도 죽은 자로 가득합니다! 바다의 파도는 인간의 시체로 오염되고 바닥은 뼈가 잔뜩 널려 있습니다. 사망은 불타는 검을 들고 인류를 유린하기 위해 진군합니다. 고트족도 훈족도 타타르족도 사망처럼 많은 생명을 도륙하지는 못했습니다. 사망을 피해 달아날 장소는 어디에도 없습니다. 사망은 모든 곳에서 기쁨을 시들게 하고 슬픔과 한숨을 자아냅니다. 햇빛이 비치는 모든 곳에서 사람들의 눈을 눈물로 멀게 합니다. 유족의 눈물, 과부의 울음, 고아의 신음소리는 모두 사망이 부르는 승전가입니다. 아무리 위대한 정복자라 할지라도 그저 사망의 백정 역할을 한 것에 불과합니다. 전쟁은 사망이 평소보다 조금 빠른 속도로 희생자를 먹어 치우기 위해 개최한 축제일 뿐입니다.

사망은 그의 화살을 피해 살아남은 자들에게도 원수로서 치명적인 상처를 남깁니다. 사랑하는 사람을 잃고 장례를 치른 사람이라면 사망이 얼마나 잔혹한 원수인지 뼈저리게 느낄 것입니다. 사망은 우리에게서 친구와 자녀를 빼앗아 갑니다. 우리가 아무리 울고불고 해도 사망은 조금도 개의치 않습니다. 집안의 기둥이었던 가장을 쓰러지게 하며 마음에 기쁨을 주었던 아이를 낚아채 갑니다. 어미의 가슴에 안겨있던 갓난아기를 빼앗아 그녀의 마음을 무너뜨리며, 아비의 옆에 있던 소년을 빼앗아 그의 희망을 산산조각 냅니다. 사망은 젊은이에게든 노인에게든 어떠한 자비도 베풀지 않습니다. 좋고 나쁨이나 아름다움에도 관심이 없습니다. 향기로운 꽃에든 해로운 독초에든 모두 똑같이 낫을 휘두릅니다. 사망은 우리가 가꾸는 정원에 기어들어 백합과 장미를 짓밟고 구석진 곳에 은밀하게 핀 꽃까지 찾아내 모조리 시들게 합니다. 사망은 실로 이 잔혹한 세상에 피난처도 없이 홀로 남겨진 고아들의 원수입니다. 인생의 빛이며 소망인 남편을 잃은 과부들의 원수입니다. 아내를 빼앗겨 가정이 절망에 사로잡힌 남편들의 원수입니다.

사망은 우리 모두의 적입니다. 사망에게 〈네가 또 내게 사별의 슬픔을 안겨주는구나!〉라고 한 번도 한탄해본 적이 없는 사람이 어디 있겠습니까? 특히 하나님의 전에 침범하여 주의 종들을 칠 때 사망은 매우 위협적인 원수입니다. 신실한 목회자가 쓰러져 원수를 감시하던 눈이 감기고 가르침을 전하던 입이 닫혔을 때 교회는 비탄에 빠집니다. 이렇듯 사망은 빈번히 우리에게 전쟁을 걸어옵니다! 열정적이고 적극적이고 지치지 않던 자들을 쓰러뜨립니다. 기도에 능한 자, 마음이 따뜻한 자, 모범적인 삶을 사는 자들이 사역 도중에 그들을 간절히 필요로 하는 교회를 뒤에 남기고 죽음을 맞이합니다. 주님께서 사망에게 사랑하는 목회자의 목숨을 **빼앗도록** 허락하시려는 조짐이 보이면, 성도들은 사망을 가장 위협적인 원수로 여기며 큰 슬픔에 잠겨 주님께 목회자를 살려달라고 간절히 애원합니다.

죽음을 맞이하는 성도들 역시 사망을 원수로 생각하는 것은 마찬가지입니다. 비록 그들은 육신을 떠나 왕이신 주님의 아름다운 모습을 보게 되겠지만, 사망이 그들에게 다가오는 순간만큼은 끔찍한 원수로 생각할 것입니다. 육체나 정신적으로 심한 고통 가운데 있거나 천국에서 받을 영광을 매우 고대하는 사람이 아니라면 죽음을 사랑하는 것은 결코 자연스러운 일이 아닙니다. 창조주께서는 지혜롭게도 우리 육신과 영혼이 가능하면 서로 떨어지지 않으려 하도록 창조하셨습니다. 그렇지 않았다면 우리는 자기 보존을 위해 노력하지 않았을 것이며 높은 자살률로 인해 인류는 멸망했을 것입니다.

> 세월의 채찍과 조롱을 견딜 자 누군가?
> 횡포를 일삼는 압제자와 세도가도
> 한 자루 단도로

죽음에 이르지 않는가?

위험을 피하며 생존하려고 애쓰는 것은 모든 인간이 지닌 가장 기본적인 본능입니다. 이 유용한 본능은 우리로 하여금 사망을 원수로 간주하게 할 뿐 아니라 맨정신에 의도적으로 행했을 시 가장 무시무시한 범죄인 〈자살〉을 방지하는 역할도 합니다.

아무리 선한 사람에게라도 사망은 무시무시한 원수로 여겨지기 마련입니다. 한 시인은 사망을 이렇게 묘사했습니다.

> 이마에 불이 난 듯한 열병,
>
> 창백하게 하는 결핵,
>
> 절반은 살았고 절반은 굳게 하는 중풍,
>
> 관절을 고통스럽게 하는 통풍,
>
> 신경을 갉아 먹는 류머티즘, 격렬한 경련,
>
> 고문 같은 수종, 헐떡이게 하는 천식, 뇌졸중
>
> 복수가 차서 팽팽해진 배.

이런 것들이 사망을 더욱 무시무시하게 만듭니다. 사망은 고통과 슬픔, 한숨과 눈물을 이끌고 찾아옵니다. 어둠과 먹구름을 두르고 위압적인 기운을 내뿜으며 골수까지 오싹하게 합니다.

창백한 말을 타고 달려오며 죽은 자를 갉아먹을 벌레를 깨웁니다. 우리가 부활의 위대한 진리를 몰랐다면 이런 사망을 공포의 제왕처럼 여겼을 것입니다. 이처럼 사망은 우리의 심장과 콩팥을 쪼그라들게 합니다.

사망은 실제적으로도 우리의 원수입니다. 사망이 우리 몸에 무슨 짓을 합니까? 물론 궁극적으로 우리는 죽음을 통해 더 나은 곳으로 갑니다. 하지만 현재의 관점에서 죽음은 결코 즐겁지 않으며 우리를 괴롭게 합니다. 사망은 우리의 눈에서 빛을, 귀에서 소리를, 혀에서 말을, 손에서 움직임을, 뇌에서 생각을 빼앗아 갑니다. 살아있는 사람을 썩은 고기로 만들고 형제와 친구의 사랑스러운 모습을 부패한 시체로 바꾸어 버립니다. 사망은 죄의 자식입니다. 비록 그리스도는 죽음을 통해 놀라운 일을 행하셨지만, 사망 그 자체는 우리의 원수이며 사람들은 그 앞에서 몸을 떱니다. 사망은 여자에게서 태어난 모든 이를 살해하는 자이며 수많은 민족의 피를 마시고도 여전히 갈증을 느낍니다.

사망이란 원수에 대해 잠시만 생각해봐도 금방 그것의 특징을 몇 가지 파악할 수 있습니다. 사망은 하나님의 백성에게만 원수일 뿐 아니라 모든 인류에게도 공공의 적입니다. 비록 어떤 사람들은 마치 자기는 죽음을 맞이하지 않을 것처럼 생각하기도 하지만 누구도 이 사망과의 전쟁에서 빠져나갈 방법은 없습니다. 그런 사람들도 수염이 한겨울의 서리처럼 새하얗게 변하는 노년기가 되면 결국 굴복하게 됩니다. 한 번 죽는 것은 모든 사람에게 정해진 것입니다. 이생에서 영원히 젊음을 유지하게 해주는 마법의 물약은 어디에도 없습니다. 아무리 돈이 많은 부자라고 해도 뇌물을 써서 죽음을 피할 수는 없습니다. 왕관을 쓴 군주도 결국 무덤으로 내려갈 것입니다. 용맹한 용사도 무덤으로 내려갈 것입니다. 왕자도 흙에 묻혀 벌레들과 한집에 살 것입니다. 모든 인류는 결국 〈너는 흙이니 흙으로 돌아갈 것이다〉(창 3:19)라는 말씀대로 될 것입니다.

사망은 또한 매우 교묘한 원수이며 전혀 해롭지 않아 보이는 장소에도 매복하고 있습니다. 집에서나 밖에서나 식탁 앞의 음식이나 독으로 오염된 샘물이나 어디서든 사망과 마주칠 수 있습니다. 길을 걷거나 침대에 누워있거나 바다 한복판에서나 땅 위에 있을 때나 언제든지 사망은 우리를 덮칠 수 있습니다.

사망에게서 도망칠 곳이 어디 있을까요? 알프스 정상에 오른 사람도 무덤으로 곤두박질치며, 희귀 광물이 발견되는 땅속 깊숙한 광산에 들어간 수많은 사람도 사고로 목숨을 잃습니다. 사망은 교활한 적입니다. 발 소리도 내지 않고 생각지도 못할 때 우리를 습격합니다.

사망은 누구도 피할 수 없는 원수입니다. 어떠한 샛길로 도망치더라도 우리의 때가 되면 결국 잡히고 맙니다. 새들이 사냥꾼의 그물에 뛰어들고 바다의 고기가 어부의 그물에 뛰어들듯, 우리는 모두 때가 되면 사망의 그물에 뛰어듭니다. 태양이 저물고, 별빛이 희미해지고, 파도가 부서지고, 거품이 터지는 것처럼, 우리도 이르든 느리든 마지막에는 이 땅의 생명체 가운데서 모습을 감추게 됩니다. 사망의 공격은 너무도 갑작스럽게 찾아옵니다.

> 잎도 떨어질 시기가 있고,
> 꽃도 북풍에 시들 시기가 있으며,
> 별도 모두 질 시기가 있으니,
> 오 사망아, 너는 모든 것의 시기를 손에 쥐고 있구나!

인간은 아무런 통지도 받지 못하고 갑작스레 죽음을 맞이합니다. 찬송을 부르다 죽기도 하고 일상 업무를 수행하다가 죽기도 합니다. 어떤 사람이 조간 신문에 사업 관계에 있는 한 친구의 부고가 실린 것을 보고 아무 일도 없다는 듯이 일하러 나가면서 자기는 너무 바빠서 죽을 시간도 없다고 중얼거렸다는 이야기가 있습니다. 하지만 그 말이 끝나자마자 그는 앞으로 고꾸라져 시체가 되었습니다. 갑작스러운 죽음은 인간 사회에서 그리 드문 일이나 놀라운 일이 아닙니다. 이처럼 사망은 결코 무시하거나 대수롭지 않게 여길만한 원수가 아닙니다. 그러니 구세주께서 멸하신 이 무시무시한 원수를 가볍게 생각하지 말고 그것의 모든 특징을 잘 기억하십시오.

2. 사망은 멸망받을 원수이다

우리 주 예수 그리스도께서 이미 사망을 이기셨다는 사실을 기억하십시오. 주님은 두렵게 하는 사망의 속박에서 우리를 건지셨습니다. 아직 주님은 사망을 완전히 멸하시지는 않았지만 그 날은 속히 올 것입니다. 예수님은 〈사망을 폐하시고 복음을 통해 생명과 불멸을 밝히 보이셨습니다.〉 (딤후 1:10) 사망이 완전히 멸망받을 날은 분명 얼마 남지 않았습니다.

우선, 〈허물과 죄로 죽었던 너희를 하나님께서 소생시키셨다〉(엡 2:1)라는 말씀에서 알 수 있듯이 주님은 자기 백성을 영적인 죽음에서 구원하심으로써 사망을 정복하셨습니다. 한때 여러분 안에는 하나님의 생명이 조금도 없었고 오직 원죄로 인한 죽음만이 있었습니다. 그래서 신령하고 영적인 모든 것에 대해 죽은 상태였습니다. 하지만 예수 그리스도를 죽음에서 살리신 하나님의 영이 여러분을 새롭게 살리셨고, 그러므로 여러분은 이제 예수 그리스도 안에서 새로운 피조물이 되었습니다. 이런 의미에서 사망은 이미 정복되었습니다.

우리 주님은 또한 이 세상에 계실 때 특정한 사람들을 회복시킴으로써 사망을 정복하셨습니다. 예수님께서 사망에게 희생된 사람을 살리신 사건은 세 가지가 있습니다. 주님께서 관리의 집에 들어가셨을 때 소녀는 죽어 있었으며 사람들이 그녀 주위에서 슬피 울며 애곡했습니다. 주님이 〈이 소녀는 죽은 것이 아니라 자고 있다〉(마 9:24)라고 말씀하셨을 때 사람들은 비웃었습니다. 주님은 무리를 모두 내보내시고 그녀에게 〈소녀야 일어나라〉라고 말씀하셨습니다. 그러자 사망의 지하감옥 문이 열렸습니다. 또, 예수님은 나인 성읍으로 가실 때 성문 가까이에서 과부의 외아들을 싣고 가는 장례 행렬이 지나가는 것을 보고 멈추게 하셨습니다. 그리고 〈청년아, 내가 네게 말하니, 일어나라〉(눅 7:14)라고 말씀하셨습니다. 청년이 일어나고 주님이 그를 어머니께 주었을 때 사망은 또 한 번 먹이를 잃었습니다. 더욱이 나사로는 이미 무덤에 묻혀 악취가 날 정도였습니다. 하지만 그는 〈나사로야, 나와라!〉라는 말씀에 순종해 세마포를 감은 채로 일어나 무덤에서 나왔으며, 이 때도 사망은 〈사람의 아들〉이신 주님께 굴복하였습니다. 〈그를 풀어주어 가게 하라〉라고 그리스도께서 말씀하셨고 사망의 속박은 제거되었으며 무고한 포로가 풀려났습니다. 주님께서 부활하셨을 때는 많은 성도가 함께 일어나 무덤에서 나와 거룩한 성으로 들어갔습니다. 이것은 십자가에 달리신 주님께서 죽음과 음부의 권세를 이기셨음을 선포하는 것입니다. 하지만 이것은 그저 사망을 정복하기 위한 전초전에 불과했습니다. 진정한 승리는 십자가 위에서 성취되었습니다.

> 그는 지옥을 지옥에 떨어지게 했으며
> 죄로써 죄를 전복시키고
> 무덤에 내려가 그것을 파괴했으며
> 죽음으로 사망을 죽였다.

그리스도는 자기 백성 모두를 대신해서 죽음의 고난을 짊어지셨습니다. 그래서 이제 믿는 자는 더 이상 죄의 형벌로써 죽음을 겪지 않습니다. 공의로우신 하나님은 이미 해결된 죄의 책임을 중복해서 물으시지 않기 때문입니다. 예수님께서 십자가에 달리신 이후로 죽음은 하나님의 자녀에게 형벌이 아니게 되었습니다. 주님께서 사망을 폐하셨으며, 사망은 더 이상 효력을 발휘하지 못합니다. 그렇다면 성도들이 죽음을 겪는 것은 무슨 이유에서일까요? 그것은 천국에 들어가기 전에 그들의 몸이 변화되어야 하기 때문입니다. 〈혈과 육은 하나님의 나라를 유업으로 받을 수 없습니다.〉(고전 15:50) 우리 몸이 순결하고 영광스러운 모습에 합당하게 되려면 신령한 변화를 거쳐야 하는데, 바로 죽음이 용광로로써 사용되어 우리를 천국의 축복을 받을 수 있도록 변화시키는 역할을 합니다. 아직 사망이 완전히 멸망당하지 않은 것은 사실이나, 살아계신 우리 구세주께서 그것을 완전히 다른 것으로 바꾸어 주실 것입니다! 그래서 성도는 죽는 것이 아니라 이 세상을 떠나가는 것입니다. 성도에게 죽음은 우리를 이 세상에 묶어둔 밧줄이 끊어져 아름다운 천국으로 자유롭게 항해할 수 있게 된 것입니다. 죽음은 하나님께 올라가는 불마차입니다. 죽음은 위대하신 왕께서 잔치에 초대하며 〈친구여, 위로 올라오라〉라고 부르는 소리와 같습니다. 죽음은 안개 낀 이 땅에서 찬란하게 빛나는 하나님의 영원한 전으로 우리를 태우고 날아가는 독수리의 날개와 같습니다. 이처럼 우리 주님께서는 사망을 폐하셨습니다. 사망의 쐐기는 죄이며 주님은 자신을 희생하여 그 쐐기를 제거하셨습니다. 비록 사망은 여전히 하나님의 백성 가운데 있지만 쐐기를 잃었기 때문에 전혀 해롭지 않으며, 그들은 죽어도 사망에 이르지는 않습니다.

더욱이 그리스도는 부활을 통해 사망을 완전히 정복하셨습니다. 예수님의 부활에 관해 말할 때는 장황하게 설명하려는 유혹이 크지만 저는 되도록 간략하게 묘사하려고 합니다. 주님은 짧은 죽음에서 깨어 일어나셨을 때 무덤 안에 있는 것을 보시고 잠잠히 세마포를 벗으셨습니다. 장례를 치른 사람들의 눈물로 젖은 세마포를 어유롭게 벗어 옆에 두셨습니다. 그래서 무덤에 찾아온 성도들이 비어 있는 무덤과 옆에 놓인 세마포를 보고 안심할 수 있게 하셨습니다. 그 무덤은 더 이상 빈 납골당이 아니라 그리스도께서 남겨놓은 세마포로 장식된 안식처이자 숙소였습니다. 어둡고 축축하고 으스스했던 감옥을 예수님께서 완전히 바꿔놓으신 것입니다.

이곳은 이제 천사들이 천국 소식을 전하러 왕래하는 곳이 되었다.

하늘에서 내려온 천사가 주님의 무덤을 막고 있던 돌을 굴려서 열어 안으로 빛과 신선한 공기가 들어가게 했습니다. 그리고 주님은 정복자로서 밖으로 나오셨습니다. 사망은 도망쳤고 무덤은 점령되었습니다.

> 우리의 영광스러운 왕께서 다시 사셨다!
> 사망아, 너의 쐐기가 어디 있느냐?
> 주님께서 우리 영혼을 구하기 위해 죽으셨으나
> 무덤아, 너의 승리가 어디 있느냐?

형제 여러분, 그리스도께서 부활하신 것처럼, 주님은 그분의 모든 성도를 부활시켜 그들의 몸과 영혼을 영광스러운 생명으로 들어가게 하실 것을 분명히 약속하셨습니다. 이렇게 주님은 사망을 정복하셨습니다. 그리고 그날 이후 그리스도는 매일 성도들에게 성령을 주셔서 그들로 하여금 이 마지막 원수를 차분히 맞이할 수 있게 해주심으로써 사망을 이기고 계십니다. 그래서 성도들은 죽음을 맞이하며 찬송을 부르기도 하고 고요한 얼굴로 마치 평온히 잠든 것처럼 맞이하기도 합니다.

사망아, 나는 이제 네가 두렵지 않다. 어째서인지 아느냐? 네 모습은 비록 용처럼 생겼지만 너의 쐐기는 이미 사라졌다. 네

이빨은 늙은 사자처럼 부러졌으니 내가 너를 두려워할 이유가 무엇이겠느냐? 너는 더 이상 나를 파멸시키지 못하며, 오히려 너는 내가 천국의 황금문으로 들어가 구세주의 얼굴을 영원히 보게 될 것을 알리는 전달자 역할을 할 뿐이다.

수명이 다한 성도 중에는 임종을 맞이할 때의 잠자리가 일생에서 가장 편안하게 느껴진 사람도 많을 것입니다. 그들은 〈내 영혼아, 겨우 이것이 정말로 죽음인 것이냐?〉라고 의문을 품을 것입니다. 그들에게 죽음은 기대했던 것과는 다르게 매우 유쾌하고 즐거운 것입니다. 죽음은 모든 짐에서 해방되고 자유롭게 되는 것입니다. 그래서 그들은 이것이 정말 자신이 평생 두려워했던 그 괴물이 맞는지 의아하게 여깁니다. 검으로 찔리는 듯한 고통일 것이라고 예상했지만 실제로는 핀으로 찔린 것처럼 따끔한 정도에 불과할 것입니다. 고통스러운 고문과 같으며 끔찍하고 무시무시한 통로를 지나갈 것이라고 예상했지만 실제로는 잠깐 눈을 감았다 떠보니 천국에 있을 것입니다. 사랑하는 여러분, 우리 주님께서 이처럼 사망을 이기셨습니다.

그런데 오늘 본문에서는 〈마지막으로 멸망받을 적은 사망이다〉라고 아직 일어나지 않은 일처럼 말하고 있습니다. 사망은 장차 멸망당할 것인데, 과연 어떤 방식으로 멸망당할까요?

우선 예수님께서 다시 오시는 날에 살아있는 자들은 죽음을 보지 않을 것인데, 이런 의미에서 사망은 멸망당할 것입니다. 마지막 날에 살아있는 자는 죽음을 보지 않고 변화될 것입니다. 그렇다고 그들을 부러워할 필요는 없습니다. 그들이 가게 될 곳이 천국인지 지옥인지 모르기 때문입니다. 하지만 그들이 죽음을 겪지 않을 것은 분명합니다. 그날에 살아있는 수많은 주님의 백성이 죽음을 겪지 않고 영광 가운데 들어갈 것입니다. 그러므로 이런 의미에서 사망은 멸망당할 것입니다.

또, 이미 죽어서 뼈와 육체가 썩어 땅으로 돌아간 수많은 사람의 경우도 마지막 날에 나팔 소리가 울리면 모두 부활하여 무덤에서 나올 것입니다. 이런 의미에서도 사망은 멸망당할 것입니다. 부활은 곧 사망의 멸망을 뜻합니다. 물론 무덤에 묻힌 자들의 모든 입자가 본래대로 돌아가 정확히 똑같은 구성 요소로 부활하리라고 생각하기는 힘듭니다. 그렇지만 아마도 외형적으로는 죽기 전과 동일한 모습으로 부활할 것입니다. 땅에 심긴 씨앗이 같은 외형의 꽃을 피우듯이 흙으로 돌아간 우리의 육신도 같은 모습으로 되살아날 것입니다. 구성 요소가 같지는 않을지라도 그들은 무덤과 땅속에서 살아서 나올 것입니다. 무덤에 묻히지 않고 바다에 빠져 괴물에게 먹힌 자라도 그들의 영혼이 이 땅에 있을 때 머물렀던 육신의 모습 그대로 부활할 것입니다. 우리 주님께서도 그러시지 않았습니까? 그러니 그분의 백성도 마찬가지일 것이며 〈사망이 승리에게 삼켜졌다. 오 사망아, 네 쐐기가 어디 있느냐? 오 무덤아, 네 승리가 어디 있느냐?〉(고전 15:55)라는 말씀이 성취될 것입니다.

이것이 우리 주님께서 이루신 승리입니다. 그날에 사망은 완전히 멸망당할 것입니다. 다시 살아난 자들의 모습은 죽기 전에 비해 조금도 모자람이 없을 것이기 때문입니다. 저는 부활한 다음의 몸에는 기존에 있던 흉터나 장애는 모두 없을 것이라고 생각합니다. 사망은 자신의 흔적을 조금도 남기지 못할 것입니다. 하지만 예외적으로 주님의 손과 발에 난 못 자국처럼 영광스러운 상처라면 부활한 이후에도 남아 있을 것입니다. 이처럼 사망은 성도들에게 궁극적으로 어떠한 상처도 남기지 못할 것이며 구속받은 백성에게서 부패의 흔적은 조금도 찾아볼 수 없을 것입니다. 이런 의미에서 사망은 장차 멸망당할 것입니다.

그리고 이렇게 주님께서 최후 승리를 거두신 이후에는 더 이상 죽음도 없고 슬픔이나 애곡은 없을 것인데, 이는 이전 것이 모두 지나갔기 때문입니다. (계 21:4) 그리스도께서 죽음에서 다시 살아나셨으니 다시 죽지 않으시고 사망이 더는 그분을 지배하지 못합니다. (롬 6:9) 그리고 주님께서 구속하시고 소생시키신 자들 역시 더는 죽지 않을 것입니다. 더 이상 죽음으로 인한 끔찍한 생각이나 유혹이나 고통에 시달리지 않을 것입니다. 결코 그럴 수 없습니다. 왜냐하면 그리스도께서 〈내가 살아 있고 너희도 살 것이다〉(요 14:19)라고 말씀하셨기 때문입니다.

그런데 한 가지 주의할 점은 어떠한 경우에서도 영혼의 불멸성에 대한 교리를 저버려서는 안 된다는 것입니다. 어떤 사람들은 〈영원한 형벌〉과 〈영원한 축복〉을 부정하려고 하며, 심지어 성경에 명확하게 기록된 증거 구절조차 애써 무시하려 합니다.

성경은 〈이들은 영원한 형벌에 들어갈 것이며, 의로운 자들은 영원한 생명에 들어갈 것이다〉(마 25:46)라고 말합니다. 이 두 가지 사실 중 어느 한쪽이라도 무시한다면 다른 한쪽도 똑같이 무시하게 됩니다. 〈영원한〉이란 형용사는 두 가지 경우 모두에게 동일한 의미를 지니기 때문입니다. 우리는 두 가지 경우 모두 〈영원한〉이란 단어를 〈끝이 없는 기간〉을 의미한다고 이해합니다. 그렇기에 우리는 영원히 끝을 모르는 축복을 고대하는 것입니다. 그리고 우리가 살게 될 눈물도 슬픔도 무덤도 없는 나라에서 사망은 완전히 멸망당할 것입니다.

3. 사망은 마지막에 멸망당한다

사망은 가장 마지막에 세상에 들어왔기 때문에 마지막에 멸망당합니다. 우리의 원수는 마귀가 가장 먼저이며, 그 다음으로 죄, 마지막으로 사망이 왔습니다. 사망은 가장 최악의 원수는 아닙니다. 사망이 우리의 원수인 것은 사실이지만 다른 두 원수에 비하면 양호한 편입니다. 죄를 짓는 것보다 죽는 것이 천 배나 낫습니다. 마귀에게 유혹당하는 것에 비하면 사망에 속박당하는 편이 훨씬 낫습니다. 죽어갈 때 느끼는 육체적인 고통은 죄와 죄책감으로 인해 영혼이 눌리는 끔찍한 괴로움에 비하면 하찮은 것입니다. 우리 영혼이 죄로 오염되는 것에 비하면 육신의 죽음은 아이들의 못된 장난 수준에 불과합니다. 가장 위협적인 원수를 먼저 쳐야 합니다. 목자를 치면 양 떼는 자연스레 흩어지기 마련입니다. 모든 악의 근원인 죄와 사탄이 먼저 심판받고 사망은 마지막으로 멸망당할 것입니다.

사망은 또한 각 그리스도인에게도 마지막으로 싸워 이길 원수입니다. 하나님의 말씀이 사망을 마지막에 멸망당할 원수라고 명시하였으니 지혜가 부족한 우리는 말씀대로 순종하는 것이 좋습니다. 그러니 순서에 관한 논쟁은 그만두고 마지막에 처리될 원수는 마지막으로 남겨둡시다. 제가 아는 어떤 형제는 아직 죽으려면 한참 멀었는데도 벌써 사망에게 승리를 거두려 합니다. 임종의 순간이 올 때까지 죽음의 은혜를 구할 필요는 없습니다. 아직 살아 있는 사람에게 죽음의 은혜가 무슨 소용이 있겠습니까? 배는 오직 강가에 도착한 사람에게만 필요합니다. 지금은 차라리 삶의 은혜를 구하며 그것으로 그리스도께 영광을 돌리십시오. 그러다 보면 때가 이르렀을 때 자연스레 죽음의 은혜도 받게 될 것입니다. 여러분의 원수인 사망은 멸망당할 것이지만, 지금 당장은 아닙니다. 지금은 우리가 싸워야 할 원수가 너무 많습니다. 그러니 사망을 대적하는 것은 잠시 미뤄두는 것이 좋습니다. 사망은 언젠가 멸망당할 것이지만 한동안 우리는 그것에 대해 무지한 채로 있을 것이며 현재는 예수 그리스도의 군사로서 매일 주어지는 과제를 수행하는 일에 집중해야 합니다. 여러분, 시험이 몰려오고 있습니다! 진군해오는 원수를 차례차례 물리치십시오. 전열에 있는 원수를 무시하고 가장 마지막 열에 있는 원수를 공격할 생각을 하는 것은 바보 같은 짓입니다. 마지막 원수를 쓰러뜨리는 것은 최후까지 남겨놓으십시오. 그동안은 자기에게 맡겨진 위치를 사수하십시오. 하나님께서 때가 되면 여러분으로 하여금 마지막 원수를 이기도록 도우실 것입니다. 하지만 그전에는 세상과 육신과 마귀를 이기는 일에 집중하십시오. 훌륭한 삶을 살면 훌륭한 죽음을 맞이하게 될 것입니다. 예수님이 여러분에게 생명을 주시겠다고 하신 언약에는 죽음도 함께 포함되어 있습니다.

현재 일이나 장래 일이나 생명이나 죽음이나 모든 것이 너희 것이며, 너희는 그리스도의 것이며, 그리스도는 하나님의 것이다. (고전 3:23)

어째서 사망은 가장 마지막까지 남았을까요? 제가 생각하기에는 그리스도께서 사망을 멸망시키기 전에 유용하게 써먹기 위해서인 것 같습니다. 죽음이 우리에게 얼마나 큰 교훈을 주는지 모릅니다! 친구의 죽음은 마치 구름처럼 다가와 우리의 맹목적인 열정을 식힙니다. 그들이 떠나간 것처럼 자신도 언젠가 떠날 것이란 사실을 깨닫고 그동안 열정을 쏟아왔던 대상이 무가치하게 느껴지게 합니다. 그래서 우리의 관심을 이 세상에서 멀어지게 하고 앞으로 임할 세상에 관심을 기울이게 합니다.

아마도 가족의 죽음보다 더 영향력 있는 설교는 없을 것입니다. 사랑하는 사람이 이 세상을 떠나는 것은 아무리 귀를 막고 외면하려고 해도 가슴 깊이 엄숙하게 울려 퍼지는 하나님의 말씀입니다. 그래서 그리스도는 사망을 마지막까지 남겨두어 성도들에게 설교하도록 하신 것입니다.

또, 만일 죽음이 없었다면 하나님의 성도들은 사랑을 가장 열정적으로 표현할 기회를 잃어버리고 맙니다. 그리스도를 향한 사랑이 가장 크게 드러나는 곳이 어디일까요? 순교자들이 죽은 화형대와 고문대이지 않습니까? 박해를 받다가 하늘나라로 간 성도들의 피로 물든 화환만큼 그리스도께 크게 영광을 돌리는 것은 없습니다. 이처럼 그리스도를 위해 죽는 것은 주님께 가장 큰 영광을 돌리는 방법입니다.

평범한 죽음을 맞이하는 성도에게도 마찬가지입니다. 만일 죽음이 없었다면 믿음과 인내의 시련 또한 없었을 것입니다. 지금 이 세상이 남아 있는 이유 중 하나는 하나님과 그리스도께서 영광을 받으시기 위함입니다. 그런데 만일 믿는 자의 죽음이 존재하지 않는다면 그들의 믿음이 승리의 결실을 얻는 것을 어떻게 알 수 있겠습니까? 저도 우리 교회 교인들이 임종을 맞이할 때의 모습처럼 죽을 수 있다면 저는 매우 기쁘게 받아들일 것입니다. 그들이 죽음을 맞이할 때 찬송을 부르던 것처럼 저 역시 그렇게 죽을 수 있다면 결코 우회로로 죽음을 회피할 수 있기를 바라지 않을 것입니다. 제가 직접 눈으로 보고 귀로 들었던 우리 교인들의 임종처럼 저도 할렐루야를 부르며 죽을 수 있다면 오히려 죽음은 축복일 것입니다. 이처럼 죽음은 우리의 사랑과 믿음을 증명하고 주님께 영광 돌릴 수 있는 훌륭한 수단이기에 주님은 사망의 멸망을 잠시 미루어두신 것입니다.

게다가 죽음이 없어서 우리가 그리스도 안에서 잠들 수 없다면 우리는 그리스도의 길에 온전히 동참할 수 없습니다. 만에 하나 천국의 성도들 사이에 질투심이란 것이 존재한다면 아마 그리스도의 재림 때 죽음을 겪지 않고 변화된 성도들은 저와 여러분을 부러워하며 이렇게 말할지도 모릅니다.

> 형제여, 나는 한 가지 놓친 것이 있다네. 바로 죽음의 손길에 닿아 무덤에 묻히는 경험이라네. 그래서 나는 주님의 길에 온전히 동참할 수가 없었다네. 하지만 자네는 죽기까지 그리스도를 따르지 않았는가?

이처럼 마지막 날에 죽음을 겪지 않고 옮겨진 이들이 꼭 그리스도 안에서 잠든 자들보다 낫다고 할 수는 없습니다. 오히려 예수님 안에서 잠들었다가 주님을 닮은 모습으로 깨어난 자들이 더 낫다고 생각합니다.

사랑하는 여러분, 사망은 성도를 집으로 돌아오게 하는 역할을 하기 때문에 아직 멸망당하지 않았습니다. 사망이 성도들에게 다가와 메시지를 전하면 그들은 〈이제 죄와 걱정과 저주는 끝나고 주님 곁에서 쉬는 일만 남았구나〉라며 크게 기뻐합니다. 이처럼 사망은 여러 유용한 목적으로 이용되기에 아직 멸망당하지 않은 것입니다.

하지만 사망은 반드시 멸망당할 것입니다. 사망은 교회 전체의 마지막 원수입니다. 주님의 몸 된 교회는 수많은 원수와 싸우지만 부활 이후에는 〈이것이 마지막 원수구나. 이제 남아 있는 적은 없다〉라고 말할 것입니다. 그리고 끊임없는 기쁨 속에서 영원한 나날이 펼쳐질 것입니다. 앞으로 임할 영원한 세상에도 변화나 새로운 즐거움은 있을 것이며 놀라운 축복의 시대와 극도의 황홀함도 있을 테지만 더 이상 적의 공격을 알리는 소리나 휴식을 방해하는 걱정거리는 없을 것입니다.

가장 마지막에 멸망당할 원수는 사망이며, 이 마지막 원수가 없어지면 이후로는 어떠한 적도 없을 것입니다. 전쟁은 끝나고 영원한 승리만이 있습니다. 그 승리는 누가 쟁취했을까요? 다름 아닌 보좌에 앉으신 어린양이십니다. 주님께 존귀와 영광과 위엄과 권세와 지배와 능력이 영원무궁이 있을지어다! 주님, 우리의 경배를 기쁘게 받아주소서. 아멘.

잃은 자를 찾아 구원하신 그리스도

사람의 아들이 온 것은 잃은 자를 찾아 구원하려 함이다. (눅 19:10)

지금까지 우리 주님께서 이루신 여섯 가지 영광스러운 업적을 살펴봤으며, 이제 이 책을 마무리할 때입니다. 마지막을 장식하는 것은 어떤 내용이 좋을까요? 마지막까지 남겨둔 가장 좋은 포도주를 어디서 찾을 수 있을까요? 수많은 놀라운 일 중에 무엇을 선택하면 좋을까요? 주님의 이름을 높이기 위해 다루어야 할 일곱 번째 업적은 무엇이 되어야 할까요? 주님께서 남기신 업적은 매우 다양하며 하나하나 한 자리를 차지해도 좋을 만큼 중요하지만 모두를 다룰 수는 없기에 가장 단순하면서도 실제적인 것으로 마지막을 장식하려 합니다.

죄인을 구원하신 일은 주님께서 행하신 모든 사역 중에 실제적으로 가장 중요한 것이라고 생각합니다. 왜냐하면 주님께서 이루신 다른 모든 업적이 바로 이 일을 위한 것이기 때문입니다. 인간을 구원하려고 하지 않았다면 주님께서 사탄을 정복하거나 사망을 멸망시키실 필요가 없었을 것입니다. 그리고 주님께서 잃은 자를 구원하시지 않았다면 주님께서 세상을 이기신 일이나 모든 것을 새롭게 창조하신 일이 어째서 영광스러운 것인지 인식할 수도 없었을 것입니다. 인간을 구원하신 일은 주님께서 평생을 바쳐 이루신 일입니다. 이 일을 위해 주님은 허리를 동이고 모든 원수를 물리치신 것입니다. 잃은 자를 구원하신 일은 주님께서 기뻐하신 일이며 주님은 그것을 위해 십자가와 수치를 참으셨습니다. (히 12:2) 이것은 얼핏 마지막을 장식하기에 앞서 다룬 주제들에 비해 부족해 보일지도 모르지만 실제로는 전혀 그렇지 않습니다.

포로를 구출하시고 사망의 쐐기를 없애신 것과 같은 주님의 승리에 관한 내용은 매우 놀라운 것은 사실이나 주님께서 하신 모든 사역을 축약한 것이 바로 〈죄인을 구원한 일〉입니다. 이 것이 모든 사역의 핵심이고 결실이며 절정입니다. 〈사람의 아 들이 온 것은 잃은 자를 찾아 구원하려 함이다〉라는 말씀은 성 령으로 충만한 선지자들이 평강의 왕이신 주님을 높이기 위해 기록한 어떠한 문장보다 더욱 장엄합니다.

1. 주님의 은혜로운 미션

사람의 아들이 온 것

주님은 인간들 가운데 함께 계셨을 때 현재 시제로 〈온 것〉이 라고 말씀하셨습니다. 구약의 선지자들은 〈오실 것〉이라고 미 래의 일처럼 말해야 했지만 주님은 이미 와 있다고 말씀하신 것입니다. 선지자들이 기록한 약속도 놀라운 것이었지만 육신 이 되신 말씀께서 친히 〈사람의 아들이 온 것〉이라고 말씀하신 사실은 더욱더 놀랍습니다. 지금의 우리가 볼 때는 그리스도께 서 잃은 자를 찾아 구원하러 오신 것은 이미 성취된 역사적 사 실이며 매우 확실하고 분명한 일입니다. 얼마나 놀라운 사실입 니까! 여러분은 이것을 평소에 대수롭지 않게 생각했을지도 모 르지만, 혹시 천사들의 경배를 받으시는 분께서 우리와 같은 모습으로 이곳에 오셔서 팔레스타인의 주린 자를 먹이시고 아픈 자를 치료하시고 죽은 자를 되살리시는 광경을 마음속 깊이 묵상해보신 적이 있습니까? 다른 특별한 별들이 아무리 잘났다고 해도 지구보다 뛰어날 수는 없을 것입니다. 왜냐면 세상을 만드신 창조주께서 이 땅에 두 발을 딛고 서 계셨기 때문입니다. 이 지구가 하나님께서 발을 딛고 계셨음에도 부서지지 않을 수 있었던 것은 주님께서 이 땅에 나타나셨을 때 그분의 신성을 인성과 연합하셨기 때문입니다. 성육신이야말로 기적 중의 기적입니다. 그런데 그것이 그저 상상이나 기대로 머물지 않고 눈으로 볼 수 있도록 실현된 것입니다. 제가 여러분에게 믿으라고 전하는 내용은 실제로 이 땅에 일어났던 일입니다. 만일 제가 여러분에게 장차 일어날 놀라운 일에 대해 믿으라고 전해도 성령님께서는 아브라함에게 하셨던 것처럼 여러분에게 믿음을 주셔서 미래의 축복을 기대하며 기뻐하게 하셨을 것입니다. 하지만 지금 이야기하고 있는 기적 중의 기적은 이미 일어난 사실입니다. 지극히 높으신 분의 아들이 이곳에 계셨던 것입니다.

베들레헴에서 갈보리까지 주님은 순례길을 걸으셨습니다. 하나님께서 인간의 모습으로 태어나 삼십여 년 동안 하늘을 지붕 삼아 지내셨습니다. 오 놀라운 기쁨이여! 완전한 꿀송이처럼 비길 데 없는 기쁨이여! 임마누엘, 즉 〈하나님께서 우리와 함께 하신다〉는 말 속에는 수천 가지 기쁨이 집약되어 있습니다.

> 놀라운 광경을 보라,
> 영원이 시간 안에 있도다!
> 여름이 겨울 안에! 낮이 밤 안에!
> 하늘이 땅 안에! 하나님께서 인간 안에!
> 영광스럽게 태어난 위대하신 아기여,
> 땅을 하늘로 올리시고, 하늘을 땅으로 굽히소서.

〈하나님의 아들〉이신 우리 주님께서 〈사람의 아들〉이 된 것만 하더라도 거룩한 미션을 수행한 것이었습니다. 다른 인간도 모두 〈사람의 아들〉로서 태어났지만, 주님만큼 그 이름이 어울리는 분은 없습니다.

에스겔도 수차례 〈사람의 아들〉이라고 불렸습니다. 아마도 요한 사도처럼 에스겔도 우리 주님의 영과 성품으로 충만하여 그렇게 불렸던 것 같습니다. 확실히 그는 그리스도의 눈과 그리스도의 영을 지녔고 빛과 지식으로 충만했습니다. 그래서 고귀한 모습의 주님을 닮은 자는 겸손한 모습의 주님도 닮아야 한다는 사실을 상기하는 것처럼 반복해서 자신이 〈사람의 아들〉

임을 되새겼습니다. 우리 주님은 이 세상에 들어오셨을 때 〈사람의 아들Son of man〉이란 칭호를 자신의 특별한 별칭으로 삼으셨습니다. 이것은 주님을 나타내기에 매우 적절한 이름이었습니다. 왜냐면 다른 인간은 특정한 인물의 아들이기에 〈사람의 아들son of man〉이라고 소문자로 표현하지만, 주님은 보편적인 인류를 나타내는 의미로써 〈사람의 아들Son of man〉이라고 대문자로 표현한 것입니다. 예수님은 그저 유대 종족으로 태어난 것이 아니라 인간으로서 태어나셨습니다. 주님은 〈사람의 아들Son of man〉이기에 특정한 시기, 장소, 국적에 국한되지 않으십니다. 이것이 바로 주님이 우리에게 오신 방법입니다. 그리고 그리스도께서 〈사람의 아들〉로 오신 것은 잃은 자를 찾아 구원하시기 위해서입니다. 비록 주님은 다시 하늘로 올라가셨지만, 주님께서 잃은 자를 찾아 구원하려고 우리에게 오신 것만은 변함없습니다. 그리고 인간의 모습으로 이곳에 계시지 않더라도 주님은 항상 우리와 함께 계시며 여전히 잃은 자를 찾아 구원하십니다.

오늘날까지도 주님은 〈자신을 통해 하나님께 나아오는 자를 온전히 구원하실 수 있으며, 항상 살아서 그들을 위해 간구하십니다.〉 (히 7:25) 그러므로 본문 구절을 설명할 때 예수님도 여전히 우리와 함께 계신다고 해석해도 틀리지 않습니다. 비록 지금은 주님께서 친히 육신으로 거하시며 활동하시지는 않지만 주님은 성령님과 주의 종들을 통해 여전히 잃은 자를 찾는 사역을 계속하십니다. 주님은 〈내가 세상 끝날까지 너희와 항상 함께 있겠다〉(마 28:20)라고 말씀하셨으며 이 말씀은 주님께서 우리를 훈련하시고 생명의 길을 가르치시는 등 잃은 자를 찾고 구하는 과정을 통해 실제로 성취되고 있습니다. 이 세대가 끝날 때까지 주님은 항상 우리와 함께 계시며 잃은 자를 찾고 구원하실 것입니다.

2. 이 땅에 오신 주된 목적

사람의 아들이 온 것은 잃은 자를 찾아 구원하려 함이다.

주님께서 이 땅에 오신 주된 목적은 크게 대상을 가리키는 〈잃은 자〉와 의도를 가리키는 〈찾아 구원함〉의 두 부분으로 구성됩니다.

1) 그리스도께서 이 땅에 오신 주목적은 〈잃은 자〉와 관련되어 있습니다. 교만한 자는 이러한 진리를 듣기 싫어합니다. 바로 어제만 해도 어떤 사람이 이 진리에 관해 〈선을 행하고 죄인을

교화하는 일을 방해하여 기독교에 악영향을 주는 것)이라고 주장하는 모습을 보았습니다. 그들은 우리가 하는 설교를 가리켜 죄인을 도덕보다 높은 자리에 앉히는 것이라고 깎아내립니다. 이것은 우리가 죄인들을 기쁘게 하려고 노력한다는 말을 돌려서 하는 것이나 마찬가지입니다. 이 점에 대해 변명을 하자면, 우리의 설교는 잃은 자, 곧 주님께서 찾아서 구원하려고 이 땅에 오신 대상을 찾는 행위라고 할 수 있습니다.

하나님께서 성육신하신 가장 큰 목적은 죄인, 타락한 자, 무가치한 자, 잃은 자를 위한 것입니다. 하나님의 자비는 스스로 선하고 의롭다 여기는 자들과는 아무런 상관이 없습니다. 게다가 진정으로 선하고 의로운 사람은 존재하지 않습니다. 하나님의 자비는 죄인들을 위한 것입니다. 단지 명목상 죄인이 아니라 실제로 죄를 짓고 너무 멀리 가버린 잃은 자들을 위한 것입니다. 그런데 어째서 이것에 토를 답니까?

주님께서 잃지도 않은 자들을 찾아 구원하러 오셨어야 할까요? 목자가 헤매지도 않는 양을 찾으러 가야 할까요? 대답해보십시오. 아프지도 않은 자들에게 의사로서 오셨어야 할까요? 손 안에 있는 은화를 찾으려고 촛불을 들고 방 안을 쓸면서 찾아야 할까요? 무엇 때문에 그렇게 합니까? 백합 꽃잎에 물감으로 색을 칠하고 황금 위에 금박을 씌우는 일을 주님께서 하시길 바랍니까? 주님을 그저 과잉 친절을 베푸는 참견꾼으로 만들 생각입니까? 자신이 깨끗하다고 생각하는 사람에게 예수님의 보혈이 무슨 소용 있겠습니까? 주님을 불필요한 분으로 만들고 주님의 사역을 의미 없는 것으로 만들 생각입니까? 구세주를 원하지도 않는 사람을 위해 주님이 오셨다고 생각합니까?

누가 가장 구세주를 원하겠습니까? 대답해보십시오. 하나님의 자비는 그것을 가장 필요로 하는 사람들에게 주어져야 하지 않겠습니까? 이 세상은 마치 전쟁터와 같습니다. 싸움이 무서운 회오리바람처럼 휩쓸고 지나간 곳에 쓰러져있는 자들을 치료하기 위해 의사가 필요합니다. 그런데 의사는 누구에게 제일 먼저 가야 하겠습니까? 가장 심하게 부상을 입어 피를 철철 흘리며 죽어가는 사람이지 않겠습니까? 제일 먼저 병원으로 이송될 사람은 가장 치명상을 입은 환자라고 말한다면 그것에 대해 트집을 잡겠습니까? 진통제를 부상자에게 줘야 한다고 말하면 그것에 대해 화내겠습니까? 붕대를 뼈가 부러진 사람에게, 약을 병이 난 사람에게 줘야 한다고 말하면 그것에 대해 따지겠습니까? 그렇다면 이상한 일일 것입니다. 어리석은 사람만이 이런 일로 시비를 걸 것이며 지혜로운 사람은 의문조차 품지 않을 것입니다. 그리스도께 송축할지어다. 우리는 주님께 시비 걸지 않을 것입니다. 주님은 하나님의 자비가 가장 필요한 자, 곧 잃은 자를 찾으러 오셨기 때문입니다.

또, 주님께서 과연 누구를 찾으러 오셨을 때 주님을 가장 많이 사랑하고 감사하겠습니까? 거짓된 거룩함으로 가득 찬 교만한 바리새인이 죄를 씻기러 오신 그리스도를 귀하게 여기겠습니까? 오히려 모멸감을 느끼고 돌아설 것입니다. 그가 씻어야 할 죄가 무엇이겠습니까? 〈제가 어릴 때부터 이 모든 계명을 지켰습니다. 저에게 아직 부족한 것이 무엇입니까?〉(마 19:20)라고 말하며 스스로 충분하다고 여기는 윤리주의자가 과연 〈너는 거듭나야만 한다〉와 〈너희가 돌이켜 어린아이와 같이 되지 않으면 결코 하늘나라에 들어갈 수 없다〉(마 18:3)라고 가르치시는 분의 제자가 될 수 있겠습니까? 예수님은 자기 잘난 맛에 사는 사람에게는 관심을 두지 않으십니다. 그리스도께서 가장 사랑하시는 자는 가장 많이 죄를 용서받은 사람입니다. 한때는 주님께 순종치 않았지만 은혜로운 사랑의 힘에 이끌리어 주님의 계명을 즐겁게 따르게 된 사람을 가장 사랑하십니다. 높은 언덕에서 거짓 거룩함에 취해 사는 사람은 열매를 맺지 못하며 자기

자랑밖에 거둘 것이 없습니다. 하지만 낮은 곳에 있는 잘 갈린 땅에는 많은 씨앗이 뿌려집니다. 주님은 자기가 죄인임을 알고 용서를 구하는 자들에게 죄 사함을 전파하셨습니다. 하지만 자기한테 죄가 없다고 여기는 사람에게는 구세주도 없습니다.

그리고 만일 예수님께서 잃은 자를 구원하러 오신 것이 아니라면 도대체 다른 누구를 위해 오셔야 했을까요? 솔직히 말해, 이 세상에 있는 사람은 모두가 잃은 자입니다. 바리새인이 아무리 잘났다고 해도 그 역시 죄인일 뿐이며, 오히려 그의 교만함 때문에 더욱 악한 죄인입니다. 스스로 깨끗하다 여기는 윤리주의자 역시 하나님께서 보시기에는 그저 더러울 뿐입니다. 아무리 자신의 흠을 가리려고 노력해도 자기 의로 가득한 사람은 문둥병자와 같으며 예수님께 씻김받지 않으면 영원히 그 상태로 있을 것입니다. 그리스도께서 잃은 자를 구하러 오셨다는 사실이 얼마나 복된지 모릅니다. 왜냐하면 우리는 모두 잃은 자이기에 주님께서 오신 목적이 잃은 자를 찾아 구원하려는 것이 아니었다면 이 세상에서 소망을 품을 수 있는 사람은 한 명도 없기 때문입니다.

그런데 〈잃은 자〉란 도대체 누구를 의미할까요? 〈잃어버린〉

이란 단어는 매우 무시무시한 의미를 담고 있습니다. 이 단어를 제대로 설명하려면 매우 많은 시간이 소요될 것입니다. 하지만 만일 하나님의 영이 여러분 마음을 조명하여 자신의 본성을 밝히 볼 수 있게 해주신다면, 여러분은 즉시 자신이 〈잃어버린〉 상태에 있다는 것을 깨닫고 제가 수천 마디로 설명을 하는 것보다 훨씬 명확하게 그 뜻을 이해할 수 있을 것입니다. 우리는 타락으로 인해 잃은 자가 되었고, 부패한 본성을 물려받았기 때문에, 우리 자신의 행위 때문에, 의무를 온전히 수행하지 못했기 때문에, 하나님께 반역적인 행위를 무수히 많이 저질렀기 때문에, 죄의 습성 때문에, 어둡고 악한 세력으로 더욱 깊이 빠져들려고 하는 성향 때문에, 옳은 길로 돌아서지 않고 하나님의 은혜와 자비를 단호히 거절하려는 마음 때문에 잃은 자가 되었습니다. 우리는 자진해서 의도적으로 정도를 벗어나 전적으로 잃은 자가 되었습니다. 이것은 잃은 자가 되는 방법 중에서도 가장 최악의 경우라 할 수 있습니다. 우리는 하나님에 대한 사랑과 신뢰와 순종을 잃었고, 교회를 섬기지 못하며, 진리를 보지 못하고, 의를 지키지 못하고, 천국에 들어가지 못하며, 주님의 자비가 없다면 끝없이 떨어지는 구덩이에 영원히 던져질 처지가 되었습니다. 잃은 자! 잃은 자! 잃은 자! 이 말 자체가 제게는 회개하지 않은 영혼이 울부짖는 비명소리 같습니다. 잃은 자! 잃은 자! 잃은 자! 누군가의 장례식에서 울려 퍼지는 끔찍한 종소리 같습니다. 끝없는 죽음이 갑작스레 찾아왔나 봅니다! 애곡하는 소리가 삶과 희망의 경계에서 벗어나 그리스도의 다스림을 받지 못하는 영혼들을 위한 죽음과 어둠의 땅으로 사라져 갑니다. 멀리서 들려오는 소리에 간담이 서늘해집니다. 한 영혼을 잃느니 차라리 온 세상이 불바다가 되는 것이 낫습니다! 한 영혼을 잃느니 차라리 하늘의 모든 별이 떨어지는 것이 낫습니다!

그런데 이렇게 처참한 상황 가운데 예수님께서 죽어가는 영혼을 찾아 구원하러 오셨습니다. 이 얼마나 기쁜 소식입니까! 슬픔이 컸던 만큼 기쁨도 더욱 큰 법입니다. 하나님의 능력은 그토록 암울한 상황에서 영혼을 구원하실 수 있을 만큼 놀랍습니다. 주님의 이름에 영광을 돌리십시오!

2) 지금까지는 〈대상〉에 관해 이야기했으며 이제 주님께서 오신 〈의도〉를 자세히 살펴보겠습니다. 주님은 잃은 자를 〈찾아서 구원하러〉 오셨습니다. 예수님께서 죄인을 찾아 구원하러 오셨다는 것은 설교 주제로 삼기에 매우 좋은 교리입니다. 어

떤 사람들은 예수님께서 〈모든 사람을 변화시켜 구원받을 수 있는 상태로 만들기 위해〉 오셨다고 설명합니다. 그들 역시 구원받은 사람일지도 모르나, 그들이 가르치는 내용은 별로 큰 감흥을 주지 못합니다. 피가 뜨거워지거나 기뻐 춤추게 하지도 않고 어떠한 감명도 주지 않습니다. 〈예수님이 인간을 구원받을 수 있는 상태로 만들기 위해 오셨다〉라는 식의 빈약한 복음을 설교하기 위해서는 그다지 많은 준비를 할 필요도 없을 것이며 저는 그런 복음을 전하느니 차라리 목사가 되지 않을 것입니다. 하지만 우리 주님은 〈인간을 구원하기 위해〉 오셨습니다. 이것은 〈인간을 구원받을 수 있는 상태로 만들기 위해〉 오셨다는 설명에 비해 훨씬 든든하고 확신을 주는 복음입니다. 〈인간을 구원받을 수 있는 상태로 만든다는 복음〉은 마치 해골과 같은 반면, 〈인간을 구원한다는 복음〉은 생생한 축복입니다. 전자는 미미한 축복이지만, 후자는 말로 표현 못 할 가치를 지닙니다. 그들은 예수님께서 〈인간으로 하여금 자신이 원한다면 구원받을 수 있도록 하기 위해〉 이 세상에 오셨다고 가르칩니다. 맞는 말입니다. 저도 진정으로 구원받기를 간절히 원하는 영혼은 누구든 구원을 받는다고 믿습니다. 구원을 진실로 갈망하는 의지가 있다는 것 자체가 그 사람 내면에서 큰 변화가 일어났다는 증거이기 때문입니다. 저도 〈원하는 자는 누구든 값없이 생명수를 받게 하라〉(계 22:17)라는 말씀을 참으로 좋아합니다. 그런데 본문 구절을 〈사람의 아들이 온 것은 구원받기 원하는 자는 누구든 구원받을 수 있는 상태가 되게 하려 함이다〉라고 읽어보십시오. 의미 자체는 좋지만 너무 약합니다! 마치 포도주를 물에 희석한 것 같습니다! 반면, 〈사람의 아들이 온 것은 잃은 자를 찾아 구원하려 함이다〉는 얼마나 깊고 풍미가 넘칩니까! 이것이 바로 복음입니다. 그들이 가르치는 것은 그저 좋은 소식의 일부분에 불과합니다. 또, 본문을 다른 방식으로 읽어보겠습니다. 〈사람의 아들이 온 것은 인간이 스스로 구원하는 것을 돕기 위함이다〉라고 하면 어땠을까요? 이것은 전혀 맞지 않습니다. 마치 다리가 없는 사람이 행군하도록 돕거나, 맹인이 색을 판별하는 것을 돕거나, 죽은 사람이 스스로 살아나도록 돕는 것과 다름없습니다. 스스로 전혀 할 수 없는 일을 도우려 하는 것은 오히려 그 사람을 모독하는 일입니다. 우리는 성경 말씀을 다른 식으로 변경해서는 안 됩니다. 말씀은 있는 그대로 두었을 때 가장 은혜가 충만합니다.

마찬가지로 본문 구절을 〈사람의 아들이 온 것은 그를 찾는 자를 구원하려 함이다〉라고 바꿔도 안 됩니다. 물론 이것 역시 영광스러운 복음임에는 틀림없습니다. 다른 성경 구절에서 이 교리에 관한 가르침을 많이 찾아볼 수 있습니다. 하지만 지금 우리가 다루고 있는 〈사람의 아들이 온 것은 잃은 자를 찾아 구원하려 함이다〉라는 구절은 그보다 더 깊은 뜻이 담겨 있습니다. 어느 날 문득 〈사마리아 여인이 주님을 발견한 곳이 어디였지? 맞아. 우물가에서 발견했지〉라고 자문자답을 한 적이 있습니다. 그런데 사소하지만 질문에 잘못된 부분이 있었습니다. 저는 〈주님께서 사마리아 여인을 발견한 곳이 어디였지?〉라고 물었어야 했습니다. 그 여인은 주님을 찾고 있지 않았고 찾으려는 생각조차 없었기 때문입니다.

그녀는 단지 우물을 찾고 있었을 뿐이며, 만일 물을 쉽게 구했다면 만족한 채 집으로 돌아갔을 것입니다. 누군가를 발견하는 일은 그 사람을 만나기 위해 찾아 나서는 자를 뜻합니다. 여기서 그 여인을 만나기 위해 찾아 나선 자는 그리스도였습니다. 물론 자신이 직접 주님을 찾는 사람도 주님은 만나주시고 구원해주실 것입니다. 하지만 더욱 감사한 것은 주님께서 친히 찾아오셔서 구원을 베풀어주는 사람도 있다는 사실입니다. 그리고 그리스도께서 먼저 찾아오신 사람 중에서는 구원을 받지 못한 사람이 단 한 명도 없습니다. 주님은 믿음을 지으시는 분이

시며 또한 끝내시는 분이기도 합니다. 주님은 은혜의 사역에 있어 알파와 오메가이며 처음과 마지막 되시는 분입니다. 주님의 이름을 찬송하십시오. 말씀은 있는 그대로 해석되어야 하며, 우리는 그 안에 담긴 사랑의 길이와 넓이, 높이와 깊이를 귀하게 여겨야 합니다. 잃은 자를 성공적으로 찾는 일과 그를 온전히 구원하는 일은 〈사람의 아들〉이신 주님께 달려 있습니다. 여러분 중에는 이미 이 두 가지 일을 모두 경험하신 분도 있을 것입니다. 부디 이 일이 우리 모두에게 일어나길 기도합니다.

3. 잃은 자에게 필요한 두 가지

지금까지 그리스도께서 잃은 자를 위해 하시는 일에 관해 살펴봤습니다. 그리스도는 잃은 자를 찾으시고 또한 구원하십니다. 두 가지 일 모두 은혜의 기적이 없다면 불가능한 일입니다. 잃은 자들은 구원을 받기에는 너무도 멀리 가버려서 먼저 그를 찾아야만 합니다. 땅이나 바다에서 길을 잃은 자는 구하기만 하면 되지만, 우리는 영적으로 잃은 자이기에 구하는 것과 찾는 것 두 가지 모두 필요합니다. 얼마 전, 컴벌랜드 호수로 놀러 가 랭데일 파이크를 등반하려 했던 사람들의 이야기를 들은 적이 있습니다. 그들 중 한 명이 등반하던 도중에 지쳐서 출발 지점에 있는 여관으로 돌아가려 했습니다. 그런데 그는 너무 자만한 나머지 올라올 때 사용한 우회로를 택하지 않았습니다. 여관이 바로 아래쪽에 보였기 때문에 직진으로 내려가면 훨씬 빠를 것 같았습니다. 하지만 내려가는 도중에 가파른 벼랑을 만나 결국 오도 가도 못하는 상황에 놓이게 되었습니다. 빠져나가려고 애썼지만 소용없었습니다. 공포에 질려 그는 옷을 벗어 잘게 찢어 밧줄을 만들어 밑으로 늘어뜨렸습니다. 하지만 밧줄은 바닥까지 닿지 않았으며 아래에는 높이를 가늠할 수 없는 심연이 입을 벌리고 있었습니다. 그래서 큰 소리로 도움을 청했지만 아무런 대답이 없었고 메아리만 울릴 뿐이었습니다. 30분가량 소리쳤지만 대답은 없었고 시야에 들어오는 사람도 전혀 없었습니다. 공포에 질린 나머지 거의 정신을 잃을 뻔했습니다. 마침내 다행히도 아래쪽에서 누군가 다가오는 것이 보였고 다시 소리를 지르기 시작했습니다. 한 여인이 그의 목소리를 듣고 멈춰 섰고, 그가 계속 소리를 지르자 그녀는 점점 가까이 다가오더니 〈거기 그대로 있어요. 움직이지 말고 가만히 있어요〉라고 외쳤습니다. 곧 친절한 양치기들이 그가 있는 장소를 발견했습니다. 그는 잃은 자였지만 이제는 발견되었고 더는 그를 찾아 헤맬 필요가 없어졌습니다. 그에게 필요한 것은 이제 구해지는 것뿐입니다. 머지않아 등반가들이 밧줄을 타고 내려와 잃은 양을 구출할 때처럼 그를 위험한 곳에서 데리고 나왔습니다. 그는 잃은 자였지만 자신이 직접 도움을 찾아 나선 것은 아니었습니다. 오히려 다른 사람들이 그가 있는 곳을 발견하고 그를 구해줬습니다.

한두 달 전쯤 신문에 웨스트워터에서 실종된 한 남성을 찾는 광고가 실렸습니다. 그의 친구들은 그가 만약 살아있다면 구하기 위해서 먼저 어디 있는지 찾아야만 했습니다. 그래서 그를 찾기 위해 언덕과 늪을 샅샅이 뒤졌지만 찾을 수 없었고, 그래서 구하지도 못했습니다. 만일 찾았다면 그들은 어떠한 위험을 무릅쓰더라도 그를 구하려 했을 것입니다. 하지만 찾지 못했고, 결국 그는 시체로 발견되었습니다. 이것이 바로 우리가 처한 비참한 현실을 보여줍니다. 우리는 날 때부터 잃은 자였습니다. 그렇기에 찾아서 구원하는 것 외에 달리 방법이 없습니다.

이제 우리 주님께서 어떻게 구원을 이루셨는지 살펴봅시다. 구원은 확실히 이루어졌습니다. 사랑하는 성도 여러분, 저와 여러분은 잃은 자였습니다. 하나님의 율법을 어기고 주님의 진노를 입었습니다. 하지만 예수님께서 오셔서 우리 죄를 대신 짊어지시고 하나님의 진노를 감당하셨습니다. 그래서 하나님은 〈의로우실 뿐 아니라 예수를 믿는 자들을 의롭다고 여기시는 분〉(롬 3:26)이 되실 수 있었습니다. 이 하나님의 은혜에 의한 대속의 교리는 제가 이것을 선포하기 위해 산다고 해도 좋을 만큼 좋아하는 교리입니다. 이 교리야말로 복음의 핵심이기 때문입니다. 예수 그리스도는 문자 그대로 자기 백성의 죄악과 불의를 짊어지시고 그들에게 임할 하나님의 진노를 막기 위해 대신 저주를 받으셨습니다. 그래서 이제 예수님을 믿는 사람은 누구나 죄로 인한 형벌과 저주에서 벗어나 구원받게 되었습니다. 그러니 기뻐하십시오. 그리스도는 또한 우리를 사탄의 권세에서 구원하셨습니다. 여자의 씨는 뱀의 머리를 부수었고, 그로 인해 사탄의 권세는 무너졌습니다. 예수님은 강한 권능으로 어둠의 군주를 몰아내고 우리를 무시무시한 지옥의 멍에에서 풀어주셨습니다. 그렇기에 믿는 자는 이제 사망에 이르지 않습니다. 그리스도께서 죽으시고 부활하심으로 우리를 죄에서 구원하셨습니다.

> 사람의 형상으로 내려오신 하나님을 보라,
> 죄악으로 고통받는 자들아.
> 네 모든 악은 그분께 전가되고,

그분의 모든 선은 네게 양도되었다.

우리 주님께서 하신 대속 사역은 이로써 완성되었습니다. 하지만 주님은 여전히 이 세상에서 잃은 자를 찾는 사역을 감당하고 계신다는 사실을 잊지 마십시오. 주님은 능히 우리를 구원하실 수 있습니다. 주님은 그분을 믿는 자를 구원하기 위해 추가로 어떤 것도 필요로 하시지 않습니다. 하지만 우리는 너무도 멀리 떨어진 광야에 숨어 방황하고 있습니다. 아버지 집에는 먹을 것이 풍족하지만 먼 곳에서 굶주리고 있는 우리에게 그것이 무슨 소용이 있겠습니까? 아버지 집에는 가장 좋은 의복이 있지만 먼 곳에서 헐벗고 있는 우리에게 그것이 무슨 소용이 있겠습니까? 아버지 집에는 아름다운 음악이 흐르지만 먼 곳에서 돼지들과 함께 지내는 우리에게 그것이 무슨 소용이 있겠습니까? 이 점이 가장 난처한 부분입니다. 그래서 주님은 방황하는 우리를 찾으러 오셔야 했고, 우리를 발견하시고는 잃은 양을 찾은 목자처럼 어깨에 메고 기뻐하며 돌아가십니다.

또, 우리는 악한 무리와 함께 어울리고 있기 때문에 주님은 우리를 찾으러 오셔야 했습니다. 악한 무리는 우리 주변을 에워싸고 구원에 이르게 하는 복음을 듣지 못하도록 끈질기게 방해

합니다. 큰 도시처럼 잃은 자들이 숨기 좋은 장소는 없습니다. 범죄를 저지르고 경찰에게서 도망치려 하는 사람은 작은 마을로 가지 않고 인구가 밀집한 큰 도시로 도망갑니다. 이 런던도 죄인을 복음에서 멀어지게 하는 은신처가 매우 많습니다. 그들은 많은 인파 속에 파묻혀 악한 사회의 관습에 사로잡혀 노예가 됩니다. 그들이 돌이키려고 마음먹을 때는 세상 친구들이 소매를 잡아끌며 〈같이 즐기자. 무엇 때문에 그렇게 우울해 하나?〉라고 속삭입니다. 사탄은 자신의 젊은 종들을 손에서 놓치지 않도록 철저히 감시합니다. 적재적소에 감시병을 세워 죄인이 복음을 듣고 회심하지 못하도록 방해합니다. 그래서 죄인은 자신이 속한 모임에서 끌어내어 줄 누군가가 필요합니다. 마치 페르시아만에서 진주를 찾아내듯 죄인도 샅샅이 뒤져 찾아내야 합니다.

주님께서 잃은 자를 찾는 것을 방해하는 요소로서 뿌리 깊은 편견도 무시할 수 없습니다. 많은 사람이 복음을 들으려 하지 않습니다. 복음이 주는 경고의 메시지를 피해 멀리 도망갑니다. 어떤 사람은 너무 지혜로워서, 어떤 사람은 너무 부유해서 복음을 전해 듣지 못합니다. 불쌍한 부자들이여! 가난한 사람을 찾아서 방문하는 선교사나 전도자들은 많지만 사회적으로 높은 사람들에게 복음을 전하는 사람은 거의 없습니다. 대저택이나 궁중에 사는 사람보다 뒷골목에 사는 사람이 천국의 길을 발견하는 경우가 더 많습니다. 이처럼 부자들 사이에서 택한 자를 찾아내는 일은 쉽지 않지만 복되신 예수님은 그런 자들도 찾아내 구원하십니다.

많은 하층민이 범죄와 타락한 습관에 젖어 삽니다. 많은 노동자가 술에 찌들어 삽니다. 런던에 사는 많은 사람이 주일에 무엇을 하나요? 집에서 한가로이 신문을 보다가 저녁에는 술집에 갑니다. 의에 목마른 것이 아니라 술에 목마릅니다. 술의 신 바쿠스는 여전히 이 도시를 지배하고 있으며 수많은 사람이 술통에 빠져 허우적댑니다. 사람들은 그런 식으로 거룩한 안식일을 낭비합니다. 이런 자들을 어떻게 찾아 구원할 수 있을까요? 하지만 주 예수님은 성령님을 통해 그 일을 하고 계십니다.

인간은 자신의 악행으로 인해 눈이 멀고 귀가 먹고 마음이 강퍅해져서 하나님의 종이 그들에게 은혜의 메시지를 전하기 위해서는 매우 큰 인내가 필요합니다. 그들이 복음을 받아들이기만 한다면 구원받는 것은 쉬운 일이지만, 그들은 전혀 복음을 들으려 하지 않습니다. 주일에 그들을 교회에 데리고 나와 신실한 목회자의 설교를 듣게 하면 그들은 몸부림치며 저항합니다. 그래서 그들을 구원시키려면 50번도 넘게 찾고 또 찾아야만 합니다. 빛 가운데로 인도해 눈앞에 그 빛을 들이대도 그들은 필사적으로 눈을 감고 저항합니다. 삶과 죽음의 길을 제시하고 눈물까지 흘리며 영생을 붙들라고 간곡히 애원해도 그들은 자기만의 착각에서 벗어나려 하지 않습니다. 예수님께서 피 묻은 십자가에서 구원 사역을 이루셨을 때처럼, 그들을 찾는 사역에도 끈질긴 인내가 필요합니다.

주님께서 어떻게 날마다 잃을 자를 찾는 사역을 이루어가시는지 보십시오. 매일 예수 그리스도께서는 들을 귀 있는 자를 찾으십니다. 이 사실을 믿습니까? 복음을 들을 자를 찾는 것조차 쉬운 일이 아닙니다. 사람들은 하나님께서 보내신 사랑의 메시지를 알고 싶어 하지 않습니다. 〈하나님께서 세상을 너무도 사랑하십니다〉라는 메시지를 전해도 귀담아들으려 하지 않습니다. 〈인간의 죄를 용서하기 위해 주님께서 희생하셨다〉는 메시지를 전해도 식상하다며 발길을 돌립니다. 그들은 오히려 세속적이고 정치적인 이슈에 더 관심을 보이고, 영적인 문제에 관해서는 전혀 관심이 없습니다. 예수님은 그들이 귀를 기울이도록 하기 위해 몇 번이고 큰 소리로 부르십니다. 감사하게도 하나님께서는 아무리 거절당해도 굴하지 않고 끈기 있게 복음을 전하는 사역자들을 지금도 거느리고 계십니다. 이 세상의 소음이 아무리 시끄럽더라도 그들이 증거하는 말을 파묻어버리지는 못합니다. 형제 여러분, 복음을 크게 외치십시오. 아무리 크게 외쳐도 지나치지 않습니다. 사람들은 큰 소리 때문에 어쩔 수 없이 듣게 되지 않는 이상 절대로 복음에 귀 기울이지 않기 때문입니다. 주님은 사람들이 복음에 귀를 기울이게 하기 위해 때로는 다양한 소리를 사용하십니다. 때로는 특이한 소리를 통해 많은 사람의 관심을 끌기도 합니다. 저는 어떤 이탈리아 마을에서 매우 기이한 이야기를 들은 적이 있습니다. 그곳에는 하나님께서 택하신 백성 중 한 명이 있었는데, 그는 너무 절망에 빠진 나머지 하나님 대신 악마를 섬기고 있었습니다. 어느 날 우연히 그 도시에 프로테스탄트 선교사가 설교하러 온다는 소문이 돌았습니다. 신도를 빼앗길까 위기의식을 느낀 가톨릭 성직자는 사람들에게 프로테스탄트들은 악마를 섬긴다고 거짓말을 하여 아무도 집회에 가지 못하게 했습니다. 하지만 이미 악마를 섬기고 있던 그 남자는 전혀 두렵지 않았습니다. 오히려 로마를 향해 오고 있는 그 선교사를 자기 형제로 생각하며 그의 설교를 듣고 싶어 했습니다. 다른 어떤 방법도 이 불쌍한 사람에게 복음을 듣게 할 수 없었지만, 가톨릭 성직자의 거짓말이 그에게 복음을 듣게 한 것입니다. 그는 악마에 관한 이야기를 듣고 싶어 선교사를 찾아갔지만 그가 들은 것은 오히려 악마를 정복한 주님에 관한 이야기였습니다. 그 죄인은 결국 예수님의 발 앞에 엎드렸고 구원을 받게 되었습니다.

주님의 사역자들이 다 실패할 때 주님은 직접 화살을 뽑아 그것에 복음의 메시지를 묶어 죄인의 가슴팍을 향해 쏘십니다. 그 메시지가 그의 마음에 비집고 들어가 상처를 입히면 죄인은 목 놓아 울면서 복음을 받아들입니다.

병에 걸린 사람 중에서 다수가 구원의 메시지를 듣기 위해 나옵니다. 때로는 손해나 고난이 우리를 예수님 발 앞에 나오게 만들기도 합니다. 예수님은 그렇게 잃은 자를 찾으십니다. 압살롬은 요압이 만남을 거부하자 〈가서 그의 보리밭에 불을 질러라〉라고 명했습니다. 그러자 요압은 압살롬에게 달려와 〈어째서 종들을 시켜 제 보리밭에 불을 질렀습니까?〉라고 항의했습니다. 주님도 때로는 이런 식으로 주님께 나오기를 거부하는 사람에게 재산적인 손해를 입게 해서라도 주님께 나오게 하십니다. 이렇듯 주님께서 찾으시는 자는 결국 때가 되면 주님께 발견됩니다.

주님께서 들을 귀 있는 자를 발견하신 다음에는 그들의 소망을 살펴보시고 그들로 하여금 구세주를 갈망하도록 만드십니다. 이 일은 결코 쉬운 일은 아니지만 주님은 그들에게 자신의 죄를 깨닫게 하는 방법을 사용하십니다. 또한, 그리스도인의 삶이 얼마나 즐거운지 보여주셔서 그들도 그 기쁨에 참여하고 싶어하게 하십니다. 이 시간 주님께서 여러분에게 회심하지 않은 채로 있는 것이 얼마나 위험한 일인지 알게 하여주셔서 여러분도 그리스도를 바라게 되며 주님께 발견되길 기도합니다.

소망 다음으로 주님께서 살펴보시는 것은 믿음입니다. 주님은 발견한 죄인에게 주님께서 주시는 구원이 얼마나 자유롭고 완전한지 보여주시고 그들의 구세주로서 자신의 모습을 드러내십니다. 그리하여 그들로 하여금 주님께 나아와 믿고 구원을 받게 하십니다. 이 모든 것은 우리 안에 계시는 성령님께서 우리의 영원한 유익을 위해 행하시는 일입니다.

믿음 다음으로는 그들의 마음을 살펴보십시다. 왜냐하면 주님께서 잃은 것이 바로 그들의 마음이기 때문입니다. 그리스도는 성령님을 통해 부드러운 방법으로 죄인의 마음을 굳게 사로잡으십니다. 저는 주님께서 제 마음을 사로잡으신 방식을 결코 잊지 못합니다. 주님은 먼저 제 귀를 사로잡았고, 그 다음 소망을 사로잡아 그분을 주님으로 섬기고 싶게 하셨습니다. 그리고 저로 하여금 주님을 신뢰하도록 가르치시고 믿음으로 구원받았다는 사실을 깨닫게 하셨습니다. 그래서 저는 주님을 사랑하게 되었고 지금도 여전히 사랑합니다. 만일 예수 그리스도께서 여러분을 찾으신다면 여러분도 주님의 영원한 제자가 될 것입니다. 주님께서 축복하시는 자에게 이 메시지가 전달되며 제가 뿌리는 이 씨앗이 좋은 땅에 뿌려지길 기도합니다. 이 책을 읽는 많은 사람에게 주 예수님께서 보혈의 피로 구원하시는 역사가 일어나길 소원합니다. 그러면 주님께서 그들에게 모습을 보이시며 〈내가 영원한 사랑으로 너를 사랑했으며, 그러므로 내가 인애로 너를 이끌었다〉(렘 31:3)라고 말씀하실 것입니다. 성령님께서 여러분의 귀를 열어 고요하고 작은 사랑의 목소리를 듣게 하여주시길 바랍니다. 하나님의 전능하신 은혜로 여러분이 기쁜 마음으로 주님께 굴복하여 여러분을 찾아서 구원하여 천국으로 인도하신 구세주께 찬송과 영광을 올려드리는 은혜를 만끽하도록 기도합니다.

출판사 소개

프리스브러리는 Pristine(오염되지 않은)과 Library(도서관)의 합성어로 종교개혁가와 청교도 같은 신앙 선배들이 남긴 믿음의 유산을 보존하고 널리 알리기 위해 설립되었습니다.

한국은 미국 다음으로 많은 신앙 도서가 출간되는 기독교 강국이지만 아직 국내에 소개되지 않은 주옥같은 책이 너무도 많습니다. 또한, 이미 출판되었다고 해도 번역이 난해해서 읽기 어렵거나 판매량이 저조해 절판된 책도 적지 않습니다.

프리스브러리는 엄선된 기독교 고전 작가의 저서 중에서 한 번도 국내에 출판되지 않았거나 절판되어 구하기 힘든 책을 재번역해 〈디지털 소량 출판〉과 〈전자책〉을 통해 비록 판매량이 적더라도 절판되지 않고 언제든 쉽게 찾아볼 수 있게 하고 있습니다.

아울러 장래에는 국내 뿐 아니라 일본, 중국, 동남아 등 다양한 언어로 번역해 전자책으로 만들어 무료로 배포할 계획을 세우고 있으며, 이를 통해 〈선교 한류〉의 붐이 일어나기를 꿈꾸고 있습니다.

이런 프리스브러리의 비전을 함께 이루고 싶으신 분은 새로운 책이 한 권 나올 때마다 격려하는 차원에서 아래 계좌로 1만원씩 후원해주세요. 후원금은 모두 다음 신간의 번역과 출판 비용으로 사용됩니다.

후원 계좌: 씨티은행 533-50447-264-01 (정시용)